사르트르 vs 카뮈

세창프레너미Frenemy 007

사르트르 vs 카뮈

초판 1쇄 인쇄   2020년 12월 11일
초판 1쇄 발행   2020년 12월 18일

—

지은이   변광배
펴낸이   이방원
편 집   송원빈·김명희·안효희·정조연·정우경·최선희·조상희
디자인   양혜진·손경화·박혜옥   **영 업**   최성수   **마케팅**   이예희

—

펴낸곳   세창출판사
　　　　신고번호 제300-1990-63호   **주소** 03735 서울시 서대문구 경기대로 88 냉천빌딩 4층
　　　　전화 02-723-8660   **팩스** 02-720-4579   **이메일** edit@sechangpub.co.kr   **홈페이지** http://www.sechangpub.co.kr
　　　　블로그 blog.naver.com/scpc1992   **페이스북** fb.me/Sechangofficial   **인스타그램** @sechang_official

—

ISBN   978-89-8411-993-2   93160

이 도서의 국립중앙도서관 출판예정도서목록(CIP)은 서지정보유통지원시스템 홈페이지(http://seoji.nl.go.kr)와
국가자료종합목록 구축시스템(http://kolis-net.nl.go.kr)에서 이용하실 수 있습니다.(CIP제어번호: CIP2020051734)

세창프레너미Frenemy   007

사르트르

vs

카뮈

변광배 지음

세창출판사

　20세기 프랑스를 대표하는 철학자, 작가, 참여지식인으로 널리 알려진 사르트르와 카뮈는 흔히 '실존주의'라는 항목 아래 항상 같이 묶여 거론되곤 한다. 8살의 나이 차이에도 불구하고 두 사람은 20세기 초에 거의 같은 시대적 감수성을 느끼면서 성장했다. '구토'와 '부조리'로 표현되는 각자의 감수성은 두 사람을 '친구'로 만들기에 충분했다. 하지만 2차 세계대전 후에 냉전시대를 거치면서 두 사람은 불행히도 '적'이 되고 만다.

　1951년에 출간된 카뮈의 『반항하는 인간』이 결정적 계기였다. 두 사람은 '진보적 폭력'과 '목적-수단' 문제에 대한 견해 차이를 보였다. 사르트르는 미래의 유토피아 건설을 위해 현재에 자행되는 폭력, 곧 진보적 폭력 개념을 수용했다. 반면에 카뮈는 '한계', '중용', '절도'를 내세워 이 개념을 부분적으로만 수용했을 뿐이다.

또한 두 사람은 문학의 사회적 기능에 동의하면서도 약간의 차이를 보였다. 사르트르는 '참여engagement'를 내세워 사회 변혁에서 문학의 급진적인 역할을 기대했다. 하지만 카뮈는 '승선embarquement'을 내세워 사회 개조에서 문학의 점진적인 역할을 기대했다. 불의로 얼룩진 현실 사회를 자유롭게 고발하고 폭로하는 '진실'과 '자유'라는 면에서 보면, 두 사람의 문학론 사이에는 거의 차이가 없어 보인다. 하지만 '친구'였던 두 사람에게는 이런 사소한 차이가 그들을 궁극적으로 갈라놓는 결정적 요인으로 작용했다.

2020년은 카뮈와 사르트르가 각각 세상을 떠난 지 60주년, 40주년이 되는 해이다. 코로나19로 인해 두 사람의 죽음에까지 관심을 가질 여유가 없는 상황이다. 하지만 지난 세기 중반에 그들이 왜 '친구-적'이 되었는지를 묻는 작업은 현재 우리의 상황을 이해하는 데 타산지석이 될 수 있을 것이다. 그도 그럴 것이 우리는 지난 세기의 유물인 이데올로기, 분단 문제를 완전히 극복하지 못하고 있기 때문이다. 세계화 시대로 일컬어지는 지금, 두 사람이 '친구-적'으로 철학과 문학에서 벌였던 치열한 토론과 논쟁을 되돌아보면서 우리의 현재적 삶의 조건을 성찰하는 기회를 갖는 것, 이것이 이 책의 주된 집필 의도에 해당한다.

2020년 12월

변광배

차례

시작하며

1

프레너미, 사르트르와 카뮈

 이 책의 주요 내용은 '친구-적敵', 곧 '프레너미frenemy' 관계의 전형적인 사례로 여겨지는 20세기 프랑스의 대표적 작가, 사상가, 지식인인 '사르트르와 카뮈[1]의 관계에 대한 부분적인 비교이다. 이 책에서 우리가 표방하는 야심은 그다지 크지 않다. 두 사람에 대한 종합적인 비교를 위해서는 이 책보다 훨씬 더 두툼한 책이 필요할 것이다.

---

[1] 두 사람을 함께 호칭하는 경우, 누구의 이름을 먼저 부르는가에 따라 나중에 부르는 사람의 위상을 깎아내리는 듯한 묘한 뉘앙스가 있다. 여기서는 사르트르가 먼저 태어났기 때문에 편의상 그의 이름을 먼저 쓰고, 그다음에 카뮈의 이름을 쓰기로 한다. 다만 논의의 편의상 카뮈의 이름을 먼저 사용하고 또 그의 저작을 먼저 분석하는 경우도 없지 않을 것이다.

사르트르와 카뮈의 관계는 국내에서 이미 출간된 다음 다섯 권의 책에 자세히 소개되어 있다. 제르멘느 브레의 『자유를 위하여 물결치는 가슴: 사르트르와 카뮈』, 로널드 애런슨의 『사르트르와 카뮈: 우정과 투쟁』, 에릭 베르네르의 『폭력에서 전체주의로: 카뮈와 사르트르의 정치사상』, 이기언의 『지성인 알베르 카뮈: 진실과 정의를 위한 투쟁』, 강대석의 『카뮈와 사르트르: 반항과 자유를 역설하다』 등이 그것이다.[2] 이 책에서는 이 다섯 권의 책을 참고하면서[3] 사르트르와 카뮈의 '친구-적' 관계를 좀 더 간략하게, 하지만 좀 더 뚜렷하게 부각시키고자 한다.

같은 시대를 살면서 최고에 버금가는 명성을 얻었던 어떤 두 사람이 '친구-적'으로 분류되는 경우, 그런 분류가 조금은 인위적이고 억지스러운 경우가 없지 않다. 하지만 사르트르와 카뮈의 경우는 전혀 그렇지 않다. 두 사람의 '친구-적' 관계는 이른바 공개서한을 통해 만천하에 공표되었으며, 그런 만큼 공식적이다. 아마 그들의 '친구-적' 관계만큼 전 세계적으로 널리 알려진 관계는 없어 보인다. 이미

---

[2] 제르멘느 브레, 『자유를 위하여 물결치는 가슴: 사르트르와 카뮈』(민희식 옮김, 소설문학사, 1980); 로널드 애런슨, 『사르트르와 카뮈: 우정과 투쟁』(변광배·김용석 옮김, 연암서가, 2011); 에릭 베르네르, 『폭력에서 전체주의로: 카뮈와 사르트르의 정치사상』(변광배 옮김, 그린비, 2012); 이기언, 『지성인 알베르 카뮈: 진실과 정의를 위한 투쟁』(울력, 2015); 강대석, 『카뮈와 사르트르: 반항과 자유를 역설하다』(들녘, 2019).

[3] 또한 국내에 소개되어 있는 다음과 같은 사르트르와 카뮈의 평전도 그들의 관계를 이해하는 데 큰 도움이 된다. 안니 코엔 솔랄, 『사르트르』(우종길 옮김, 창, 1993); 베르나르 앙리 레비, 『사르트르 평전』(변광배 옮김, 을유문화사, 2009); 올리비에 토드, 『카뮈』(김진식 옮김, 책세상, 2000); 허버트 R. 로트만, 『지상의 인간』(한기찬 옮김, 한길사, 2007).

12

그들의 관계는 '전설'이 되어 버렸다고 해도 과언이 아닐 성싶다.

한 연구자는 사르트르와 카뮈를 '형제-적frères-ennemies'[4]으로 규정하기도 한다. 그렇다면 그들로 하여금 친구 또는 형제가 되게끔 한 계기와 요소가 있을 것이고, 또 그들로 하여금 적이 되게끔 한 계기와 요소도 있을 것이다. 이 책에서는 그들의 사상과 문학을 중심으로 그런 계기들과 요소들을 집중적으로 추적해 보고자 한다.[5]

얼핏 사르트르와 카뮈는 물과 기름처럼 잘 어울리지 않아 보인다. 그들 사이에는 8년의 출생 시차가 있다. 사르트르는 1905년에, 카뮈는 1913년에 태어났다. 이런 시차 자체는 중요하지 않을 수도 있다. 하지만 두 사람의 성장 배경과 교육 환경은 몹시 대조적이다. '냉철한 지성을 소유한 도시 남자 사르트르'와 '예리한 감각을 소유한 지중해 인간 카뮈'를 키워 낼 정도로 대조적이다.

사르트르는 파리의 부르주아 출신이다. 그의 가문에서는 의사, 교수, 장교, 성직자 등이 배출되었다. 의료 봉사로 우리에게 큰 감명을 준 알베르트 슈바이처 박사가 사르트르 외가의 일원이다. 그 반

---

4   Annie Cohen-Solal, "Camus, Sartre et la guerre d'Algérie", in *Camus et la politique*, Actes du colloque de Nanterre 5-7 juin 1985(sous la direction de Jeanyves Guérin), L'Harmattan, 1986, p.179. 이 단어는 '난형난제(難兄難弟)'로 번역할 수도 있을 것이다. 이기언은 사르트르와 카뮈를 '쌍둥이 형제', '난형난제이자 이복형제'로 칭하고 있다(이기언, 『지성인 알베르 카뮈』, p.209).

5   이 책에서는 사르트르와 카뮈가 결별하면서 '적'이 되는 구체적인 과정에 대해서는 상세하게 기술하지 않을 것이다. 이 점에 대해서는 김화영의 글[「카뮈와 사르트르의 논쟁」, 『사르트르의 문학적 세계』(김치수·김현 편, 문학과지성사, 1989)]과 특히 윤정임의 글[「카뮈-사르트르 논쟁사」, 『유럽사회문화』 6(연세대학교 유럽사회문화연구소, 2011)]을 참고하기 바란다.

면에 카뮈는 프랑스의 식민 지배를 받고 있던 알제리에서 태어났다. 그는 이른바 '피에 누아르pied noir'[6]이다. 카뮈의 집은 가난했다. 경제생활은 거의 어머니의 손에 의해 이루어졌다. 하지만 교육을 제대로 받지 못한 그의 어머니는 청소 등과 같은 힘든 일을 해야 했다. 가난의 질곡에서 벗어나기 힘든 상황이었다. 가족과 관련해서 사르트르와 카뮈 사이에 한 가지 공통점이 있기는 하다. 각자의 아버지가 일찍 세상을 떠났다는 점이다. 무신론을 신봉하는 두 사람에게 아버지의 부재는 작지 않은 영향을 미친다.

사르트르와 카뮈의 차이점은 교육 환경에서도 두드러진다. 사르트르에게 익숙한 것은 도시, 인공적인 것, 책, 관념의 세계이다. 사르트르는 자전적 소설에서 이렇게 쓰고 있다. "나는 책에 둘러싸여서 인생의 첫걸음을 내디뎠고, 죽을 때도 필경 그렇게 죽게 되리라."[7] 사르트르는 모든 존재를 언어를 통해 파악하고 이해했다. 그는 전형적인 도시 아이들처럼 진짜 사물을 보지 못하고 그것을 관념과 언어를 통해 먼저 알게 된다.

사르트르는 엘리트 코스를 밟아 프랑스 수재들의 집합소인 고등사범학교École normale supérieure에 입학했다. 그는 이 학교를 졸업하면

---

[6] '검은 발'이라는 의미로 1830-1962년까지 프랑스의 식민 지배하에 있던 알제리에서 태어난 프랑스 국적을 가진 사람을 가리킨다.

[7] 장 폴 사르트르, 『말』, 정명환 옮김, 민음사, 2008, p.45. 사르트르와 카뮈에 대한 국내 연구 성과는 미미한 편은 아니라고 할 수 있다. 이런 이유로 이 책에서 그들의 저작과 그들에 대한 연구서를 인용할 때는 가급적 우리말 번역본을 이용하고자 한다. 물론 필요하다고 판단되면 번역을 조금씩 수정했다.

서 응시했던 철학교수 자격시험agrégation에서 너무 독창적인 답안지를 써서 떨어졌고, 그 이듬해에 수석으로 합격했다. 이때 차석 합격자가 바로 그의 평생의 반려자이자 '계약결혼mariage morganatique'의 당사자로 유명한 『제2의 성Le Deuxième sexe』의 저자 보부아르라는 사실을 지적하자.

어쨌든 사르트르는 그 이후로 프랑스를 대표하는 소설가, 극작가, 철학자, 참여지식인 등의 길을 거침없이 걸어간다. "사르트르 현상phénomène Sartre"[8]이라는 말이 나올 정도로 화려한 행보였다. 그 결과 베르나르 앙리 레비의 표현대로 사르트르는 '20세기'를 그 자신의 세기로 만들었다는 평가를 받는다.[9] 그는 1964년에 노벨문학상 수상작가로 결정되었으나 수상을 거부하고, 1968년 5월혁명 때는 참여지식인으로서의 마지막 정열을 불태우게 된다.

그렇다면 사르트르보다 먼저 1957년에 노벨문학상을 수상한 카뮈의 교육 환경은 어떠했을까? 그는 거의 모든 면에서 사르트르와는 대척지점에 놓여 있었다. 가난한 노동자의 집에서 태어난 카뮈는 자연, 그중에서도 대지, 태양, 바다를 벗 삼아 지냈다. 카뮈는 태양과 함께라면 가난조차도 행복하게 느꼈다. 실제로 그는 그 자신의 모든 정신적 자양분의 원천을 "가난과 빛의 세계"[10]라고 말하고

8 Ingrid Galster(sous la direction de), *La Naissance du "phénomène Sartre"*, Seuil, 2001 참조.
9 베르나르 앙리 레비의 『사르트르 평전』의 원래 제목은 『사르트르의 세기(*Le Siècle de Sartre*)』이다.
10 알베르 카뮈, 『안과 겉』, 『알베르 카뮈 전집 특별판 1』, 김화영 옮김, 책세상, 2010, p.202.

있다. 하지만 가난의 문제는 경제적 문제로만 그치지 않고 그의 건강 문제와 직결되었다.

실제로 카뮈는 건강이 좋지 않았다. 축구와 연극을 좋아했던 카뮈는 젊은 시절에 폐결핵을 앓았다. 그 당시에 폐결핵은 거의 불치병이었다. 그로 인해 카뮈는 '죽음'을 늘 염두에 두는 생활을 하게 된다. 죽음이 강박관념처럼 그의 뒤를 따라다녔다. 죽음은 그의 '십자가'였다. 그에게서 죽음은 시지프가 밀어 올리는 무거운 바위와도 같았다. 그의 작품에 죽음이 여기저기 산재해 있는 것도 그런 강박관념의 소산일 수 있다.[11] 또한 카뮈는 폐결핵 때문에 철학교수 자격시험에 응시조차 할 수 없었다. 경제적인 이유로 카뮈는 대학을 마치고 기자 일에 종사하기 시작했다. 카뮈는 1940년에 파리에 정착하게 되는데, 거기에는 직장을 얻는 문제도 있겠지만 좀 더 나은 의료 환경에서 폐결핵을 치유할 목적도 있었을 것으로 짐작된다.

카뮈가 청년 시절에 알제리 공산당에 가입했다는 점은 특기할 만하다. 이것은 가난과 사회적 불평등을 해소하기 위한 해결책 모색의 일환이었을 것이다. 물론 그는 그 조직의 지나치게 폐쇄적인 위계질서와 교조주의적 입장에 못 이겨 곧 탈퇴하고 만다. 그에 반해 사르트르는 젊은 시절에 '역사의 수레바퀴'를 돌리기를 거절하고, 문학과 예술을 통한 '반대의 미학'만을 추구하는 무정부주의자

---

[11]   Michel Onfray, *L'Ordre libertaire: La Vie philosophique d'Albert Camus*, Flammarion, 2011, p.34.

로 일관했다는 사실을 지적하자. 사르트르는 프랑스공산당PCF: Parti communiste français과 오랫동안 '동반자 관계compagnon de route'를 유지했지만 당에 가입한 적은 없다. 어쨌든 카뮈에게는 사르트르와는 달리 자연, 대지, 바다, 태양, 가난, 질병 등이 훨씬 더 친숙한 단어들이다.[12]

이렇듯 각자 다른 배경, 환경에서 자라난 사르트르와 카뮈가 처음으로 교류를 시작한 것은 1938년의 일이다. 그해에 사르트르의 첫 장편소설 『구토La Nausée』가 출간되었다. 그때 카뮈가 알제리에서 이 작품에 대한 우호적인 서평을 썼다. 또한 카뮈는 사르트르의 단편집 『벽Le Mur』(1939)에 대해서도 찬사 일색의 서평을 썼다. 그에 대한 화답이었을까? 사르트르는 1942년에 출간된 카뮈의 『이방인 L'Etranger』에 대한 우호적인 서평을 썼다. 이처럼 지중해를 사이에 두고 간접적으로 교류를 하던 두 사람은 파리에서 처음으로 만나게 된다.

사르트르는 독일 점령 시절이던 1943년에 파리에서 『파리떼Les Mouches』 공연을 준비하는 중에 카뮈와 직접 만났다. 또한 같은 무렵에 사르트르는 카뮈에게 『닫힌 방Huis clos』의 남자 주인공 역과 이 작품의 연출을 부탁하기도 했다. 카뮈는 그 제안을 승낙하고 연습하다가 중도에서 포기했다. 하지만 그런 포기가 그들 사이에 우정이

---

[12] "내가 좋아하는 열 개의 단어를 묻는 질문에 대한 대답: '세계, 고통, 대지, 어머니, 인간들, 사막, 명예, 비참, 여름, 바다'(알베르 카뮈, 『작가수첩 III』, 『알베르 카뮈 전집 특별판 7』, 김화영 옮김, 2010, p.17).

피어나는 것을 막지는 못했다.

그때부터 사르트르와 카뮈는 거의 형제처럼 지내며 돈독한 우정을 쌓아 나가게 된다. 이른바 '한 패거리'가 된 것이다. 게다가 2차 세계대전이 진행 중이던 1944년에 카뮈는 사르트르에게 그 자신이 관여하고 있던 《콩바Combat》지에 독일 점령으로부터 해방된 수도 파리의 모습에 대한 르포 기사를 써 줄 것을 부탁했다. 또한 카뮈의 부탁으로 사르트르는 1945년에 특파원 자격으로 미국에 대한 르포 기사를 같은 신문에 연재하기도 했다.

하지만 달도 차면 기운다고 했던가! 10년 동안 돈독한 우정을 쌓았던 사르트르와 카뮈의 관계는 1951년을 기점으로 하여 급격하게 적대 관계로 추락하게 된다.[13] 그해에 카뮈의 『반항하는 인간L'Homme révolté』이 출간되었다. 이 책의 출간을 계기로 두 사람의 우정은 결렬되고 결국 파국을 맞이하게 된다. 그 뒤로 1960년에 카뮈가 교통사고로 세상을 떠날 때까지 두 사람은 한 번도 대화를 나누지 않았다. 물론 사르트르가 카뮈에 대한 추도사를 씀으로로써 그런 관계에 종지

---

[13] 어쩌면 사르트르와 카뮈의 불화는 『반항하는 인간』이 출간된 1951년 이전에 표면화될 수도 있었을 것이다. 그도 그럴 것이 카뮈는 1946년이나 1947년에 집필된 미간행 극작품 『철학자들의 즉흥극(L'Impromptu des Philosophes)』에서 사르트르를 조롱하고 있기 때문이다. 그런 이유에서였을까? 이 작품은 2006년에 갈리마르(Gallimard) 출판사의 플레이아드(Pléiade) 총서에서 재간행된 카뮈 전집(Œuvres complètes, 1944-1948) 제2권에 실렸다. 이 작품에서 사르트르를 비롯한 파리 철학자들에 대한 비판과 조롱에 대해서는 Michel Onfray, L'Ordre libertaire: La Vie philosophique d'Albert Camus, pp.17-22를 참조. 애런슨은 그의 『사르트르와 카뮈: 우정과 투쟁』에서 이 작품이 사르트르에 대한 카뮈의 비난과 조롱을 담고 있는지는 좀 더 연구해 보아야 한다는 신중한 주장을 펴고 있다.

부를 찍었다. 하지만 1951년 이후의 두 사람은 '적'으로서의 관계의
전형적인 모습을 보여 주게 된다.

2
무엇을 비교하나

'친구-적' 관계에 있는 사람들의 경우에 보통 제기되는 문제는 크
게 다음 두 가지라고 할 수 있다. 첫 번째 문제는 그들이 친구가 될
만한 계기나 공통점이 무엇일까 하는 것이다. 두 번째 문제는 당연
히 그들이 어떤 계기로 인해 갈라서게 되고, 또 그 원인은 구체적으
로 무엇일까 하는 것이다. 우리는 이 책에서 첫 번째 문제를 제1장
에서 검토하고, 두 번째 문제를 제2장과 제3장에서 집중적으로 검
토할 것이다.
　제1장에서는 우선 사르트르와 카뮈를 친구로 만들어 준 요소에
주목할 것이다. 그중에서도 그들 각자의 시대적 감수성의 유사성에
초점을 맞출 것이다. 일반적으로 인간관계에서 한편이 가지지 못한
것을 다른 한편이 가지고 있는 경우, 각자의 기질이나 성격이 달라
도 친구가 되기도 한다. 서로에 대한 보완 가능성을 기대할 것이기
때문이다. 반면, 두 사람이 서로에게서 정말 각자의 '분신分身, alter ego'
과도 같은 모습을 발견해서 친해지는 것도 가능하다.

그런데 사르트르와 카뮈의 경우는 두 경우에 모두 해당된다고 할 수 있다. 앞서 지적했듯이 그들 각자는 너무나 다른 배경과 환경에서 성장했다. 파리의 까칠한 도시인 사르트르와 따뜻한 지중해적 인간 카뮈! 하지만 그들 각자는 그런 차이를 상호보완의 계기로 삼았을 공산이 크다. 또한 8년의 출생 시차에도 불구하고 두 사람은 동시대에 대해 거의 유사한 감수성을 느꼈던 것으로 보인다.

그런 유사한 감수성의 표현이 바로 '구토nausée'와 '부조리absurdité'가 아닌가 한다. 구토는 사르트르의 감수성의 표현이고, 부조리는 카뮈의 그것이다. 뒤에서 다시 보겠지만 두 개념은 비슷하면서도 다르다. 카뮈는 부조리 개념을 철학적으로는 『시지프 신화Le Mythe de Sisyphe』(1942)에서, 문학적으로는 『이방인』(1942), 『오해Le Malentendu』(1943), 『칼리굴라Caligula』(1944) 등에서 집중적으로 다룬다.[14] 사르트르는 구토 개념을 철학적으로는 1943년에 출산된 『존재와 무L'Être et le néant』에서, 문학적으로는 『구토』에서 집중적으로 조명한다.[15] 실제로 사르트르와 카뮈의 문학은 이른바 '주제문학littérature à thèse'[16]으로 규정

---

[14] 카뮈의 사상과 문학은 크게 부조리 계열, 반항 계열, 사랑 계열로 나뉜다. 부조리 계열은 『시지프 신화』에 의해 대표되고, 반항 계열은 『반항하는 인간』에 의해 대표된다. 카뮈는 자신의 작품 방향을 '거부', '긍정', '사랑'의 계열로 설정했다.

[15] 사르트르의 사상과 문학은 2차 세계대전을 계기로 전·후기 사상으로 구분된다. 전기는 『존재와 무』로, 후기는 『변증법적 이성비판(Critique de la raison dialectique)』(1960)으로 대표된다.

[16] 수전 루빈 술레이만(Susan Rubin Suleiman)이 『주제소설 또는 허구적 권위(Le Roman à thèse ou l'autorité fictive)』(PUF, 1983)에서 주장한 '주제소설(roman à thèse)' 개념을 확대한 것이다.

된다. 철학적 주제를 문학적으로 형상화하고 있는 것이다. 그런 만큼 두 사람의 '친구-적' 관계를 살펴보면서 위의 저작들을 비교하는 작업은 반드시 필요해 보인다. 이것이 제1장의 주요 주제가 될 것이다.

제2장에서는 앞서 제시한 두 번째 문제, 곧 '친구-적' 관계였던 사르트르와 카뮈가 겪은 불화와 결렬의 이유에 주목할 것이다. 그 과정에서 우선 두 사람의 '타자'에 대한 사유를 눈여겨볼 것이다. 사르트르에게서 인간관계는 '갈등'이 지배적이다. 그에 반해 카뮈에게서 인간관계는 '화해'가 우세하다. 또한 이것은 개인들의 관계에만 국한되는 것이 아니라 집단으로까지 이어진다. 사르트르는 공동체 형성의 원리로 '폭력'을 제시한다. 그에 반해 카뮈는 '공존'을 제시한다. 그들의 관계가 결렬과 파국으로 치닫는 출발점에 이와 같은 대타관對他觀과 그에 기초한 공동체 이론이 놓여 있다.

또한 사르트르와 카뮈의 대타관과 공동체 이론의 초석이 되고 있는 『변증법적 이성비판』과 『반항하는 인간』에 주목할 것이다. 이어서 두 저서에서 전개되는 공동체 이론을 문학적으로 형상화하고 있는 여러 작품 중에서 사르트르의 경우에는 『무덤 없는 주검Morts sans sépulture』(1946)과 카뮈의 경우에는 『페스트La Peste』(1947)를 중점적으로 살펴볼 것이다.

제3장에서는 제2장에서 다루는 공동체 이론의 연장선상에서 '진보적 폭력violence progressive'과 '목적-수단fin-moyen'의 관계를 중심으로 사르트르와 카뮈가 친구에서 적이 된 또 다른 이유를 밝혀 볼 것이

다. 사르트르는 역사의 발전에서 미래에 실현될 유토피아를 위해 현재 자행되는 폭력을 인정한다. 이것이 이른바 '진보적 폭력' 개념이다. 이 개념은 원래 메를로퐁티에 의해 주장되었다. 또한 이 개념은 '목적-수단'의 문제와도 밀접하게 연결되어 있다. 그러니까 미래에 유토피아를 건설한다는 목적이 정당화되면 폭력을 포함한 모든 수단이 정당화될 수 있느냐의 문제가 그것이다. 사르트르는 모든 수단이 정당화될 수 있다고 주장하지만, 카뮈는 그렇지 않다고 주장한다.

카뮈도 역시 미래에 건설될 유토피아를 부정하지는 않는다. 다만 그는 이 유토피아의 건설을 위해 모든 수단이 정당화될 수 있다는 논리를 극구 반대한다. 거기에는 살인을 포함한 폭력에 대한 반대가 포함된다. 물론 카뮈도 극단적이고 예외적인 경우에 폭력이 사용될 수 있다는 사실을 부정하지는 않는다. 다만, 그 경우에도 '한계'가 있어야 한다는 것이 그의 주장이다.

또한 카뮈는 어쩔 수 없이 폭력이 사용되는 경우에도, 그 폭력에 의해 희생된 자에 대해 책임져야 한다는 논리를 펴고 있다. 절도와 절제를 전제로 한 '정오 사상pensée de midi'이 그것이다. 진보적 폭력과 '목적-수단'의 관계를 둘러싼 문제들을 사르트르의 시나리오『톱니바퀴L'Engrenage』(1949)와 카뮈의『정의의 사람들Les Justes』(1949)을 통해 살펴보고자 한다.

제4장에서는 사르트르와 카뮈의 문학과 예술에 대한 사유를 간략하게 비교해 보고자 한다. 주지의 사실이지만 카뮈는 1957년에, 사

르트르는 1964년에 노벨문학상을 수상했다. 사르트르가 그 상의 수상을 거부했다는 것은 잘 알려진 사실이다. 두 사람이 모두 노벨문학상을 수상했다는 것은 그들 각자의 문학의 파급력이 크다는 것을 의미한다. 사르트르의 문학은 이른바 '앙가주망engagement', 곧 '참여' 문학으로 잘 알려져 있다. 그의 참여문학론은 『문학이란 무엇인가 Qu'est-ce que la littérature?』(1947)에 잘 드러나 있다. 그의 이론의 핵심은 '글쓰기écrire'가 '드러내기démontrer', '고발하기dénoncer', '변화시키기changer'와 동의어라는 것이다.

카뮈 역시 문학을 '반항révolte'의 한 수단으로 삼는다. 다만 카뮈는 사르트르처럼 문학의 직접적인 참여 기능, 곧 사회 변화를 촉구하기보다는 문학이 가진 '인간-세계' 사이의 '통일성' 회복 기능에 중점을 두고 있다. 카뮈는 『반항하는 인간』의 한 장章과 노벨문학상 수상 연설 등을 통해서도 예술가의 역할에 대한 견해를 피력하고 있다. 제4장에서는 두 사람의 문학론을 비교함으로써 그 차이점과 유사점 등을 살펴보고자 한다.

이 책의 결론에 해당하는 '글을 맺으며' 부분에서는 사르트르와 카뮈의 '친구-적' 관계가 갖는 현대적 의미를 생각해 보고자 한다. 20세기를 지나 새로운 밀레니엄으로 접어든 지 20년이 지난 지금, 지난 세기에 제기되었던 문제들 중 일부는 어느 정도 해결되었다고 할 수 있다. 예컨대 이데올로기의 대립으로 발생했던 냉전의 종식이 그것이다. 하지만 우리는 아직도 냉전의 산물인 남북 분단 문제를 해결하지 못하고 있다. 또한 전 세계적으로도 정치, 경제, 문화,

정보 등의 측면에서 독재, 억압, 빈곤, 불평등의 문제가 여전히 해결되지 않고 있다. 특히 폭력과의 전쟁은 여전히 진행 중이다.

그런데 사르트르와 카뮈의 '친구-적' 관계는 방금 언급한 문제들을 중심으로 진행되었다. 물론 그들 각자가 세상을 떠난 지도 벌써 60년과 40년이 지났다. 그런 만큼 그들이 그런 문제들에 대해 보여 주었던 태도, 성찰, 반성이 시대에 뒤떨어지고 낡았다고 여길 수도 있을 것이다. 하지만 그들이 껴안고 고민했던 문제들은 여전히 해결되지 않고 있으며, 심지어는 더 악화되고 있는 실정이다. 따라서 그들의 '친구-적' 관계를 돌아보며 지금, 여기에서 제기되고 있는 유사한 문제들을 해결하기 위해 그들로부터 어떤 교훈을 끌어낼 수 있을까를 생각해 보고자 한다.

제1장

구토와 부조리

Frenemy

1

비슷한 시대적 감수성

19세기: 낙관적인 세기

사르트르와 카뮈가 태어나서 자랐던 20세기 전반부는 인류 역사상 가장 급격한 변화가 일어난 시기 중 하나였다고 할 수 있다. 물론 과학 기술과 통신 기술 등의 발달로 인해 20세기 후반, 21세기 초엽의 10년 동안에 일어난 변화가 과거 50년 내지 100년 동안 일어난 변화보다 더 급격할 수도 있다. 하지만 20세기 전반부에도 엄청난 충격을 준 사건들이 줄을 이었다. 그중에서도 1914-1919년의 1차 세계대전과 1939-1945년의 2차 세계대전이 그 대표적 예이다.

18세기, 곧 '계몽의 세기siècle des Lumières'를 이은 19세기는 인류 역사상 가장 낙관적인 세기로 여겨진다. 19세기는 인류가 가장 큰 자신감을 가진 세기였다고들 한다. 1789년에 발생한 프랑스 대혁명은 정치 영역에서 그런 자신감이 최고조에 이른 사건이었다. 혈연과 출생에 의한 위계적이고 불평등한 신분제도를 바탕으로 세워졌던 이른바 '구제도Ancien Régime'를 무너뜨리고 인간은 각자의 개별적 능력을 발휘하면서 주체로서의 지위를 확보해 나가게 된다. 그 결과, 자유와 평등이 보장되는 사회를 건설할 수 있을 듯 보였다.

경제 영역에서는 18세기 초중반에 영국을 비롯해 서구 유럽에서 시작된 산업혁명을 바탕으로 생산력이 비약적으로 증가했다. 경제적으로도 풍요로움을 구가하기 시작했다. 그 덕택으로 최소한 서구 유럽은 먹고사는 문제에서 어느 정도 벗어날 수 있게 되었다. 또한 학문 영역에서는 과거 신학 중심의 패러다임에서 벗어나 인간의 이성 중심의 추론과 이를 바탕으로 한 자연과학의 비약적인 발전이 이루어졌다.

그런 상황에서 인류의 자신감은 높아만 갔다. 하늘을 찌를 기세였다고 할 수 있다. 그 단적인 증거가 바로 헤겔의 선언이다. 인간은 변화무쌍한 '감각적 확신'에서 출발해서 확고부동한 '절대지'에 도달할 수 있다는 선언이 그것이다. 유한 존재인 인간이 무한 존재인 신의 영역에 도달할 수 있다는 것이다. 헤겔의 선언은 서구의 전통 사상의 극점에 위치한 플라톤의 '이데아' 개념, 칸트의 '물자체'에 대한 인지 불가능성을 넘어선 것이다. 어쨌든 헤겔의 선언 이상으로 그렇듯 높이 고양된 인간의 자신감이 잘 표현된 적은 없었던 것으로 보인다.

20세기 초중엽: 혼돈의 시대

하지만 모든 일에는 밝은 면과 어두운 면이 있기 마련이다. 프랑스 대혁명으로 가능해졌던 개인의 자유와 평등의 보장은 지나친 개인주의로 기울어 인간들은 점차 고립되어 원자화되고, 마침내 이기주의로 흐르는 경향이 나타나게 되었다. 또한 19세기를 특징짓는 인류의 자신감과 낙관주의는 세기 중후반에 이르러 점차 국가, 집단 간의 투쟁으로 변모되었다.

경쟁적인 서구 유럽의 식민지 쟁탈은 독점자본주의와 제국주의의 발호跋扈로 이어지고, 급기야 1914년에 1차 세계대전이 발발하게 된다. 그 이후 약 20여 년의 길지 않은 평화의 시기, 곧 '벨 에포크 Belle époque'를 거친 후, 다시 인류는 미증유의 인명 피해와 물적 피해를 낳은 2차 세계대전의 비극을 겪게 된다.

또한 산업혁명으로 가능해졌던 생산력의 증가는 의식주 문제의 해결이라는 긍정적 효과를 가져왔지만, 지나친 부의 독점과 편중 현상으로 인해 계급 간의 불평등과 투쟁을 초래하게 되었다. 과거 구제도 아래에서의 귀족계급과 부르주아계급의 불평등과 갈등을 극복했던 인류는 다시 부르주아계급과 프롤레타리아계급의 충돌에 직면하게 되었다. 이처럼 특히 서구 유럽에서는 19세기에서 20세기로 넘어오면서 전통적인 세계관, 가치관 등이 붕괴되고, 새로운 세계관, 인간관, 가치관 등이 모색되어야 했다.

각각 1905년과 1913년에 태어난 사르트르와 카뮈는 20세기 초엽에서 중반에 걸쳐 일어난 이와 같은 세계사적 사건들과 그로 인해 발생한 급격한 변화들을 몸소 겪었다. 그런 변화 중에서도 어쩌면 기독교적 세계관, 인간관, 가치관의 붕괴가 가장 두드러져 보인다. 물론 니체는 19세기 중후반에 『즐거운 지식』에서 "신은 죽었다"라고 선언함으로써 그런 변화를 이미 감지한 터였다.

보들레르도 「현대적 삶의 화가」라는 글에서 '근대성' 개념을 정의하면서 "덧없고 일회적이며 우발적인 것"과 "영원하고 불변한 것"으로, 즉 양분된 시간성으로 파악한다. 이 개념 역시 19세기를 지나면서 인간의 사유에서 이른바 '신적 요소', 곧 '영원성'의 자리에 '인간적 요소', 곧 '순간성'이 부분적으로나마 대신 들어섰다는 것을 의미한다고 할 수 있다.

이처럼 19세기의 서구 유럽에서는 고대 이래로 '영원의 상 아래에서Sub specie aeternitatis'라는 모토로 인해 억압당했고 배척당했던 '생성', '운동', '변화'가 의미를 갖기 시작한 것이다. 하지만 이와 같은 현상의 이면에는 초월적 존재의 부재와 그에 바탕을 둔 초월적 가치의 부재, 또 그로 인한 인간의 실존적 불안과 고뇌의 증가가 자리를 잡고 있었다고 할 수 있다.

20세기 초엽에 태어난 사르트르와 카뮈는 이와 같은 시대적 감수성의 세례를 받으면서 성장했다고 할 수 있다. 사르트르에게서는 그런 감수성이 '구토' 개념으로 나타나고, 카뮈에게서는 '부조리' 개념으로 나타난 것으로 보인다. 곧 살펴보겠지만 두 개념은 비슷하다. 하지만 미묘하게 다르다. 카뮈는 부조리의 철학자,[17] 부조리의 작가로 지칭되지 구토의 철학자, 구토의 작가로 지칭되지 않는다. 사르트르의 경우도 마찬가지다. 사르트르도 구토의 철학자, 구토의 작가로 지칭되지 부조리의 철학자, 부조리의 작가로 지칭되는 경우는 거의 없는 것으로 보인다.[18] 여기서는 사르트르의 구토 개념을 먼저 살펴보고, 이어서 카뮈의 부조리 개념을 살펴보기로 하자.

2
구토란?

무신론적 실존주의

카뮈가 '부조리'와 '반항'의 철학자라고 한다면, 사르트르는 '구토'와 '실존'의 철학자라고 할 수 있을 것이다. '실존주의existentialisme'로 규정되는 사르트르 사상의 출발점은 '무신론'이다. 사르트르는 도

---

17 카뮈는 그 자신이 "철학자"가 아니라고 말하고 있다(알베르 카뮈, 『문학비평』, 『알베르 카뮈 전집 특별판 7』, p.513). 하지만 이 책에서는 편의상 카뮈를 철학자 또는 사상가로 지칭하기로 한다.

18 사르트르도 역시 '부조리'라는 단어를 사용한다. 예컨대 『구토』에서 그는 "부조리란 말이 지금 내 펜 밑에서 태어난다"(장 폴 사르트르, 『구토 외』, 김희영 옮김, 학원사, 1983, p.175)라고 쓰고 있다. 하지만 사르트르를 부조리의 철학자, 부조리의 작가라고 칭하는 경우는 드물다.

제1장 구토와 부조리   31

스토옙스키로부터 "만일 신이 존재하지 않는다면 모든 것이 허용될 것이다"라는 명제를 가져온다. 이런 의미에서 사르트르는 그 자신을 하이데거와 같이 무신론적 실존주의자로 규정한다.[19] 반면, 유신론적 실존주의자로는 야스퍼스, 마르셀 등을 꼽고 있다.

사르트르는 무신론적 실존주의의 첫 번째 원리로 인간에게서는 "실존existence이 본질essence에 선행한다"라는 사실을 내세운다. 인간은 태어나면서 선험적으로 부여받은 본질이 없고 살아가면서, 실존하면서 그 자신의 본질을 형성해 나간다. 다시 말해 인간은 처음에는 아무것도 아니고, 살아가면서 그 무엇인가가 된다.

> 가령 신이 없다면 적어도 본질보다도 앞선 하나의 존재, 또는 어떠한 개념으로도 정의되기 전에 존재하는 하나의 존재가 있게 된다. 그러면 그 존재는 사람이거나 혹은 하이데기기 말했듯이 인간 실재인 것이다. 여기서 실존이 본질에 선행한다는 것은 무엇을 의미하는가? 그것은 인간은 먼저 세계 속에 나타나 존재하고 그다음에야 정의된다는 것을 의미한다. 실존주의가 생각하는 사람이란 그것이 정의될 수 없는 것이라면, 그것은 처음에는 아무것도 아니

[19] 카뮈는 자신이 무신론자임을 인정하지만 실존주의자가 아니라고 강변한다(알베르 카뮈, 『문학비평』, p.508). 사르트르의 무신론적 실존주의에 의하면 인간의 경우에는 "실존이 본질에 선행한다." 인간은 태어나면서부터 선험적으로 본질을 타고난 것이 아니라 실존하면서 그의 본질을 형성해 나가는 것이다. 그런데 카뮈는 인간이 타고난 본성을 가졌다는 사실을 인정한다(알베르 카뮈, 『반항하는 인간』, 『알베르 카뮈 전집 특별판 5』, 김화영 옮김, 책세상, 2010, p.411). 이런 면에서 카뮈는 결코 실존주의자가 아니다.

기 때문이다. 그는 그 뒤에야 비로소 무엇이 되어 그는 스스로가 만들어 내는 것이 될 것이다.[20]

'실존하다'에 해당하는 불어 동사 'exister'가 'eks' + 'sistere', 즉 '벗어나다' + '있다'의 합성어이다. 또한 이 단어는 '기투企投, projet'로도 이해된다. 인간은 미래를 향해 '자기 자신을 기투하는se projeter'[21] 존재이다. 요컨대 인간은 미래를 향해 자기 스스로를 만들어 가고se faire, 자기 스스로를 창조해 가는se créer 존재인 것이다. 그로부터 "실존주의의 제1원칙"[22]이 도출된다.

또한 사르트르는 무신론으로부터 그 유명한 '우연성contingence', '잉여 존재l'être de trop' 등의 개념을 도출한다. 유신론적 세계관에서는 이 세계의 모든 존재는 이른바 신神의 '지적 대大기획Grand Intellectual Design'에 입각한 '필연성'에 의해 설명된다. 하지만 무신론적 실존주의자인 사르트르에게서는 그와 정반대이다. 이 세계의 모든 존재는 아무런 이유 없이 그냥, 거기에 내던져 있다. 이것이 우연성의 개념이다. 따라서 이 세계의 모든 존재는 '존재이유raison d'être'를 찾아 자

---

20 장 폴 사르트르, 『실존주의는 휴머니즘이다』, 방곤 옮김, 문예출판사, 1999, pp.15-16.

21 이 단어에서 'projeter'는 '앞의'라는 의미를 가진 접두사 'pro-'와 '내던지다'라는 의미를 가진 동사 'jeter'의 합성어이다. 'jeter'의 명사형은 'jet'로, '분사', '발사' 등의 의미이다. 흔히 사용하는 '제트 비행기'에서 '제트'의 의미이다. 또한 'se'는 불어 동사의 고유용법 중 하나로 어떤 행위가 동작주에게로 돌아오는 것을 표현하기 위해 사용되는 '재귀대명사'이다. 따라서 'se projeter'는 '자기 자신을 앞으로 내던지다 또는 기투하다'의 의미이다.

22 같은 책, p.16.

신의 존재를 정당화하려 한다.

이 세계의 모든 존재들 중에서 그런 노력에 특히 민감한 존재가 있다. 바로 '인간'이다. 인간은 특별한 존재이다. 사르트르는 인간을 '의식conscience'의 주체로 규정한다. 곧 사유의 주체이다. 사르트르는 현상학의 창시자인 후설에게서 의식의 '지향성intentionnalité'을 가져온다. "모든 의식은 항상 무엇인가에 대한 의식이다"라는 명제가 그것이다. 인간은 이처럼 의식의 주체로서 지향성을 발휘하면서 그 무엇인가에 대해 거리를 펼치고 의미를 부여하면서 실존한다. 그로부터 인간이 가진 만물의 영장으로서의 지위와 이 세계의 중심으로서의 위상이 비롯된다.

하지만 역으로 바로 거기에 인간 실존의 고뇌와 불안이 자리한다. 인간은 살아 있는 한, 그 자신의 의식의 지향성을 항상 작동시켜야 하기 때문이다. 그의 의식이 어떤 것에 고정되어 있는 것은, 그가 살아도 제대로 사는 것이 아니라는 것을 의미한다. 사르트르는 『구토』에서 이처럼 의식을 어떤 것에 고정시킨 채 살아가는 부류의 사람들을 '진지한 정신esprit sérieux'의 소유자들로 지칭하면서 강하게 비판하고 있다.

사르트르는 진지한 정신의 소유자들에게서 의식의 지향성이 제대로 작동되지 않는다고 주장한다. 이런 상태에서 의식은 매 순간 무엇인가를 선택하는 일을 멈춘다. 그러면 그 주체인 인간은 습관과 일상성에 매몰되게 된다. 시간적으로 보면 그는 '과거'에 안주한다. 그러면서 그는 자신의 과거를 들먹이며 살아간다. 그는 자신의 존재이유를 찾았다고 생각하면서 편안한 삶을 영위한다. 하지만 그런 상태에서 그는 자신의 실존의 조건을 정면으로 바라볼 수 없다. 아니, 정면으로 바라보려 하지 않는다. 사르트르는 실존에 대한 이런 태도를 '비진정한inauthentique' 태도로 규정한다.

『구토』에서 이른바 '살로들salauds', 곧 '저속한 자들'의 태도가 거기에 해당한다. 이 작품의 배경이 되고 있는 부빌Bouville시의 부르주아들이 보여 주는 태도가 그것이다. 또한 방금 언급한 진지한 정신의 소유자들도 살로들의 범주에 포함된다. 그와는 반대로 실존의 조건을 정면으로 바라보며 의식의 지향성을 제대로 발휘하면서 실존의 불안과 고뇌를 감내하는 태도는 '진정한authentique' 태도로 규정된다. 이런 태도는 삶의 매 순간에 '선택choix'을 하는 태도이다. 선택을 위해서는 판단과 결단이 필요하다. 따라서 진정한 태도로 삶에 임하는 것은 곧 매 순간 선택을 위해 판단하고 결단을 내리는 태도이기도 하다. 곧 살펴보겠지만, 이것은 카뮈에게서 부조리 각성 후의 삶에 대한 태도와 같은 맥락이다.

구토 체험

그렇다면 사르트르에게서 '구토'[23]는 어떤 개념일까? 사르트르는

---

[23] '구토'에 해당하는 불어 단어는 'nausée'이다. 이 단어는 원래 '배'를 의미하는 라틴어 'nausea'에서 유래한 것으로, 항해 도중에 생기는 역겨움, 구역질 등을 의미한다. 이 단어는 사르트르의 『구토』 출간과 더불어 '실존적 불안'이라는 새로운 의미를 갖게 되었다.

의식이 일상성에 매몰된 상태, 곧 의식의 지향성이 제대로 작동되지 않는 상태를 경계한다. 그런 상태에서는 변화, 생성, 창조가 어렵기 때문이다.

> 번갯불 같은 시간. 그리고는 긴 행렬이 다시 시작되고, 사람들은 다시 시간과 날들의 덧셈을 시작한다. 월요일, 화요일, 수요일. 사월, 오월, 유월. 1924년, 1925년, 1926년.[24]

『구토』의 중심인물인 로캉탱Roquentin의 행적을 따라가 보자. 그는 중부 유럽, 북아프리카, 극동아시아 등을 여행한 후 롤르봉Rollebon 후작에 대한 역사적 전기傳記를 쓰기 위해 3년 전부터 부빌이라는 도시에 머물고 있다. 그는 가족, 친구도 없이 고독하게 지내는 인물이며, 특별한 일 없이 호텔, 도서관, 카페, 공원 등에서 시간을 보내고 있다. 그의 이런 모습은 전형적으로 일상성과 습관에 함몰된 모습이다.

그런데 어느 날 로캉탱에게 무엇인가 알 수 없는 사건이 발생한다. 하나의 예를 들어 보자. 조약돌 사건이다. 그리고 얼마 후에 이 사건의 의미를 파악하게 된다.

> 무엇인가가 나에게 일어났다. 더 이상 그 사실을 의심할 수 없

---

24 장 폴 사르트르, 『구토 외』, p.86.

다. 그것은 일반적인 확신이라든지, 명백한 일로 나에게 다가온 것이 아니라, 마치 병病처럼 갑자기 닥쳐왔다.[25]

토요일, 아이들은 바다에 돌을 던지며 누구의 돌이 얼마나 멀리 나가는지를 내기를 하고 있었고, 나도 그들처럼 바다에 조약돌을 던지려고 했다. 돌을 던지려던 순간 나는 멈추었고, 돌을 떨어뜨리고는 그곳을 떠났다. 왜냐하면 내 등 뒤에서 아이들이 웃는 것으로 보아 아마도 내가 정신 나간 사람처럼 보였음에 틀림없었기 때문이다.

표면상으로는 그뿐이다. 나의 내부에서 일어난 것은 확실한 자취를 남기지 않는다. 단지 무엇인가를 보았고, 그것이 나를 불쾌하게 만든 것이다. 그러나 내가 바다를 바라보고 있었는지, 혹은 조약돌을 보고 있었는지 이미 알지 못한다. 조약돌은 납작했다. 한쪽은 말라 있었으나, 다른 한쪽은 축축이 젖어 있었고, 흙이 묻어 있었다. 나는 손을 더럽히지 않으려고 손가락을 벌려서 돌 가장자리를 잡고 있었다.[26]

이젠 알겠다. 일전에 바닷가에서 조약돌을 던지려고 했을 때, 내가 느꼈던 것이 잘 생각난다. 그것은 일종의 달착지근한 역겨움

---

[25] 같은 책, p.42.
[26] 같은 책, p.40.

이었다. 얼마나 기분이 나빴었던가! 그런데 그 역겨움은 조약돌에
서 왔다. 확실히 그렇다. 조약돌에서부터 내 손으로 옮겨진 것이
다. 그렇다. 그거다. 바로 그거다. 일종의 손 안의 구토다.[27]

로캉탱의 불길하고 음산한 경험은 거기에서 그치지 않는다. 땅
에 떨어져 있는 물에 젖은 종이쪽지, 파이프, 문의 손잡이, 맥주컵,
바지 멜빵, 손, 얼굴, 칼 등을 만지고 볼 때 간헐적으로 그런 경험을
한다.

사물의 나상裸像과의 대면

그렇다면 로캉탱이 경험한 '구토'의 정체는 무엇일까? 그것은 인
간과 특히 사물과의 관계에서 비롯된다. 우리는 보통 일상생활 속
에서 사물을 그것의 도구성instrumentalité과 유용성ustensilité의 잣대로 재
단하기 일쑤이다. 여기에 '의자'가 하나 있다고 하자. 그것은 보통
편리함, 가격, 내구성 등 도구성과 유용성의 기준에 의해 평가된다.
하지만 어느 순간, 의자라는 '말', 도구성, 유용성이 사라지고 그것의
본래 모습이 드러나는 경우가 없지 않다.

　물체들, 그것들이 사람을 '만져서는' 안 될 것이다. 왜냐하면 그

27　같은 책, p.50.

것들은 살아 있지 않기 때문이다. 사람들은 그것들을 사용하고, 그러고 나서 제자리에 갖다 놓고, 그 한가운데서 살고 있다. 그것들은 유용한 것이며, 오직 그뿐이다. 그런데 내게서는 그것들이 나를 만진다. 그것은 참을 수 없는 일이다. 마치 그것들이 살아 있는 짐승들이기라도 한 듯이 나는 그 물체들과 접촉하는 것이 두렵다.[28]

나는 의자에 손을 갖다 댄다. 그러나 손을 급히 뗀다. 그것이 존재하기 때문이다. 내가 그 위에 앉아 있는 물체, 내가 손을 댔던 그 물체, 그것은 의자라고 불린다. 사람들은 우리가 앉을 수 있도록 일부러 의자를 만들었다. 그것들은 가죽과 용수철, 그리고 천을 가지고 의자를 만든다는 생각으로 일을 시작했다. (…) '이것이 의자다'라고 나는 마치 푸닥거리를 하듯 중얼거린다. 그러나 말은 입술에 남아 있고, 물체에 가서 놓이기를 거부한다. 물체는 있는 그대로 있다. (…) 사물은 그로테스크하고, 고집이 세고, 마치 거인처럼 저기 있다. (…) 사물은 그저 있을 뿐이다.[29]

실제로 인간은 의자를 도구성과 유용성의 기준에 의해 평가하면서 그것을 인식하고, 소유하고, 사용하는 데 익숙해 있다. 그런 상황에서는 습관과 일상성이 우세하다. 또한, 인간중심주의적 사고방

---

28 같은 책, p.50.
29 같은 책, p.191.

식, 합리주의적 사고방식이 지배적이다. 그런데 어느 순간, 그런 인간과 사물 사이의 관계가 해체되는 경우가 있다. 그 순간은 사물이 그 본연의 모습, 곧 그것의 '나상nudité'을 드러내는 순간에 해당한다. 존재의 '우연성', '무상성gratuité', '잉여성'이 드러나는 순간이다.

이렇듯 인간의 일방적이고 지배적인 태도에 대한 사물들의 반란과 그로 인해 이 인간에게서 발생하는 심적 현상이 바로 '구토' 현상이다.

본질적인 것, 그것은 우연성이다. 원래 존재는 필연이 아니라는 말이다. 존재란 단순히 거기에 있다는 것뿐이다. 존재하는 것이 나타나서 만나도록 자신을 내맡긴다. 그러나 그것을 결코 연역할 수는 없다. 내가 보기에는 그것을 이해한 사람들이 있다. 다만 그들은 필연적이며 자기원인이 됨 직한 것을 발명함으로써 이 우연성을 극복하려고 해 보았던 것이다. 그런데 어떠한 필연적 존재도 존재를 설명할 수 없다. 우연성은 가장이나 지워버릴 수 있는 외관이 아니라 절대이다. 그러므로 완전한 무상인 것이다. 모든 것이 무상이다. 이 공원, 이 도시, 그리고 나 자신도 무상이다. 사람이 그것을 이해할 때가 오면 그것은 우리의 마음을 변하게 하고, 모든 것이 표류하게 된다. 요전 날 저녁 역부회관에서처럼 말이다. 구토이다. 그것이 그 더러운 자식들이 (…) 그들의 권리를 휘둘러 숨겨 보려고 하는 바로 그것이다. 그러나 얼마나 가엾은 거짓이랴. 아무도 권리를 가지고 있지 않다. 그들은 다른 사람들처럼 완전히 무상의 존재들이다. 그들은 스스로 잉여존재라는 것을 느끼지 않을 수 없다. 그리고 그들 자신의 내부에서 잉여이다. 즉, 부정형이고 애매하고 한심하다.[30]

이처럼 사물들이 보여 주는 나상과 대면할 때, 인간은 불편함, 불안함, 공포를 느끼게 된다. 아니다. 사물들은 항상 인간에게 나상을 보여 주고 있다. 따라서 그런 나상을 보지 못하는 것은 전적으로 인간의 탓이다. 그가 습관과 일상성에 함몰된 상태에 있다면, 다시 말해 그가 명석한 의식을 유지하지 못한다면, 그는 그런 나상을 보지 못할 것이다.

하지만 그와 반대로 인간이 명석한 의식 상태에 있으면서 사물들의 나상을 볼 수 있다면, 그 순간에 그에게 지금까지 익숙하고 낯익었던 사물들은 저 멀리 물러난다. 곧 살펴보겠지만, 이런 상태는 카뮈가 말하는 부조리 각성 상태와 비슷하다.[31] 다만 사르트르는 이런 상태를 규정하면서 '부조리'보다는 '구토' 개념을 사용한다. 아마 사르트르의 『구토』에서 이런 구토 개념을 가장 잘 보여 주는 것은 로캉탱이 공원에서 마로니에 뿌리의 나상을 대면하는 순간일 것이다.

그런데 조금 아까 나는 공원에 있었다. 마로니에 뿌리는 바로

---

30 같은 책, pp. 198-199.
31 카뮈는 사르트르의 '구토'를 '부조리' 개념과 거의 같은 것으로 보고 있다(알베르 카뮈, 『시지프 신화』, 『알베르 카뮈 전집 특별판 2』, 김화영 옮김, 책세상, 2010, p. 281).

내가 앉은 의자 밑에서 땅에 뿌리를 박고 있었다. 그것이 뿌리라는 것을 나는 이미 기억하지 못했었다. 어휘는 사라지고, 그것과 함께 사물의 의미며, 그것들의 사용법이며, 또 그 사물들 표면에 사람이 그려놓은 가냘픈 기호도 사라졌다. 조금 어깨를 움츠리고 고개를 숙인 채 나는 혼자서 그 검고 울퉁불퉁하고 마디가 굵어서 나에게 공포심을 주는 나뭇더미와 마주 앉아 있었다. 그러다가 나는 그 계시를 받은 것이다. (…) 그러던 것이 이젠 달라져 버렸다. 갑자기 그것은 거기에 있었다. 대낮처럼 분명했다. 존재가 갑자기 탈을 벗은 것이다. 그것은 추상적 범주에 속하는 해롭지 아니한 자기의 모습을 잃었다. 그것은 사물의 반죽 그 자체이며, 그 나무의 뿌리는 존재 안에서 반죽된 것이다. 또는 차라리 뿌리며, 공원 울타리며, 의자며, 풀밭의 듬성듬성 잔디며, 모든 것이 사라졌다. 사물의 다양성, 그것들의 개성은 하나의 외관, 껍데기에 불과했다. 그 껍데기가 녹은 것이다. 괴상하고 연한 무질서한 덩어리 ― 헐벗은, 무시무시하고 추잡한 나체 덩어리만이 남아 있었다.[32]

하지만 카뮈에게서 살펴볼 부조리의 경우와 마찬가지로 사르트르에게서도 구토를 간헐적으로 느껴야 한다. 자신의 실존의 조건을 정면으로 바라보는 사람의 경우에 구토는 그가 진정한 삶을 살아가고 있다는 징표가 될 수 있다. 하지만 역으로 그의 삶 전체가 구토의

---

[32]   장 폴 사르트르, 『구토 외』, pp.193-194.

연속이라면, 그것은 비정상적인 삶일 것이다. 어쨌든 구토는 불편하고 음산하고 불길하다. 사르트르의 표현을 사용하자면, 구토 상태에서 사물은 '끈적끈적한visqueux' 모습을 띤다. 그런 만큼 사르트르에게서 구토는 치유되어야 한다. 그 방법은 무엇일까?

구토는 존재의 우연성, 무상성, 잉여성에 대한 자각에서 오는 것이기 때문에, 구토를 극복하는 일차적 방법은 인간이 스스로 '존재할 권리droit d'être' 또는 '존재이유'를 가졌다고 생각하는 것이다. 가령, 조상을 잘 두어 태어나기 전부터 자기의 자리가 이 세계에 이미 마련되었다고 생각하는 부류의 사람들이 그 예이다. 하지만 사르트르는 그런 부류의 사람들을 강하게 비판한다. 그들은 앞서 '살로들'로 지칭되었던 자들, '진지한 정신'을 소유한 자들의 부류에 속한다.

구토의 치유: 문학

그렇다면 사르트르는 구토 극복을 위해 어떤 해결책을 제시할까? 바로 문학 또는 예술 창작이다. 실제로『구토』에서 로캉탱은 몇 차례 구토가 사라지는 경험을 한다. 특히 카페에서 재즈곡 '머지않은 어느 날Some of these days'을 들으면서 구토가 일시적으로나마 사라지는 것을 느끼고, 심지어 행복을 느낀다.

마지막 소절이 사라졌다. 잠깐 침묵이 흐르는 동안 나는 이젠 됐구나, '뭔가가 일어났구나', 하는 것을 강하게 느낀다.

머지않은 어느 날, 당신은 나를 그리워하리!

무슨 일이 일어났을까? 그것은 '구토'가 사라졌다는 사실이다.

(…) 나는 행복하다.[33]

대체 그 이유는 무엇일까? 앞서 신이 없는 세계의 특징은 필연성이 아니라 우연성이라고 했다. 또한 구토는 우연성에서 비롯되었다고 했다. 따라서 구토를 느낀 인간은 그런 우연성의 세계에서 벗어나 필연성의 세계로 들어가고자 한다.

그런데 예술의 세계는 어떤 세계인가? 그 세계는 예술가, 곧 창작자의 기획에 의해 이루어진 완벽한 필연성의 세계이다. 한 점의 그림을 보자. 거기에 들어 있는 모든 요소는 화가의 의도에 따라 한 치의 오차도 없이 이루어진 것이다.[34] 따라서 회화의 세계는 '강철'같이 단단한 내적 질서의 세계, 현실의 시간이 아닌 다른 시간이 지배하는 세계, 곧 필연성이 지배하는 세계이다.

또 다른 행복이 있다. 밖에는 강철로 된 허리띠와도 같은 음악의 짧은 지속이 있어, 이따금 우리의 시간을 지나가면서 시간을 거부한다. 그리고 그 날카롭고 뾰족한 작은 끝으로 시간을 찢어 놓는다. 또 다른 시간이 있다. (…) 그 어떤 것도 강철로 된 리본을 깨물

[33] 같은 책, pp.64-65.
[34] 사르트르는 최소한 초창기에는 무의식 개념을 부정한다. 그런 만큼 예술작품의 창작 과정은 전적으로 의식적인 과정으로 이해된다.

지 못한다. (…) 이 음악의 필연성은 그만큼 강하다. 세상이 주저앉
아 버린 이 시간으로부터 오는 그 어떤 것도 음악을 중단시킬 수가
없다. 음악은 자신의 질서를 따라 스스로 멈출 것이다.[35]

또한 그런 세계를 담고 있는 그림을 그린 자인 나, 즉 화가는 그
그림이 이 세계에 존재하게끔 한 장본인이다. 그런 의미에서 나의
존재는 정당화된다. 다시 말해 나는 나만의 고유한 존재이유를 갖
게 되는 것이다. 왜냐하면 그 그림이 이 세계에 존재하기 위해서는
나의 존재가 반드시 요청되기 때문이다. 그 누구인가, 그 무엇인가
에게 '필요한 존재'가 되기! 이것이 사르트르에 의해 제시된 구토 극
복의 유력한 방법이다. 물론 그림을 잘 그리기 위해서는 재주가 필
요할 것이다.

『구토』에서 로캉탱은 자신의 글쓰기 재주를 믿는 것 같다. 그 결
과 그는 부빌시를 떠나 파리로 가기 전에 기차역 카페에서 마지막으
로 재즈곡을 듣고 난 뒤에 '한 권의 소설'을 쓸 결심을 하게 된다. 다
음 두 개의 인용문 중 앞의 것은 음악을 들으면서 로캉탱이 그 음악
의 작곡자와 가수의 존재를 생각하는 장면이고, 뒤의 것은 그 장면
에서 영감을 받아 그가 소설을 쓰겠다고 결심하는 장면이다.

그녀가 노래한다. 바로 여기 구원받은 두 사람이 있다. 유대인

---

35 같은 책, p.64.

과 흑인 여자. 구원받은 사람들, 그들은 아마 실존 속에 빠져 어쩌면 자신들이 완전히 파멸되었다고 느꼈을지 모른다. 하지만 아무도, 내가 이렇듯 다정하게 그들을 생각하는 것처럼, 나를 생각해 줄 수 없을 것이다. 아무도, 안니조차도. 그들은 나에게 어딘지 모르게 죽은 사람처럼, 소설의 주인공들처럼 보인다. 그들은 존재한다는 죄악으로부터 구원되었다. 물론 완전한 것은 아니다. 그러나 사람이 할 수 있는 만큼은 된다. 이 생각이 갑자기 나를 뒤흔들어 놓았다. 왜냐하면 나는 그것을 더 이상 기대조차 안 하고 있었기 때문이다.[36]

한 권의 책. 한 권의 소설. 그 소설을 읽고 이렇게 말하는 사람들이 있을 것이다. "이 책을 쓴 사람은 앙투완 로캉탱이다. 그는 카페에서 얼쩡거리던 붉은 머리의 사나이였다." 그리고 그들은 마치 내가 이 흑인 여자의 삶에 대해 생각하듯 나의 삶에 대해 생각할 것이다. 소중하고 거의 전설 같은 어떤 것처럼. 한 권의 책.[37]

다만 로캉탱의 바람이 이루어지기 위해서는 두 가지 조건이 충족되어야 한다. 하나는 '글을 쓴다'는 조건이다. 다른 하나는 그 글쓰기의 결과물인 문학작품을 '누군가가 읽어 주어야 한다'는 조건이

---

[36] 같은 책, p.255.
[37] 같은 책, p.256.

다. 요컨대 독자의 존재가 필수적으로 요청된다. 후일 사르트르의 이런 문학관은 '독자를 위한, 독자에 의한 문학만이 존재할 뿐이다'[38]라는 명제로 구체화된다.

　어쨌든 한 가지 분명한 것은, 사르트르에게서 문학작품은 구토를 치유하기 위한 진정한 방법 중의 하나라는 사실이다. 심지어 사르트르는 문학작품을 통한 구원을 기독교적 구원의 '대용물ersatz'로 여기기도 한다. 그러니까 작가는 그의 작품이 지속되는 한 그 작품을 통해 존재할 수 있는 것이다.[39]

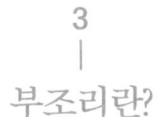

3

부조리란?

부조리: 두 항의 단절

　카뮈의 이름은 부조리 개념과 떼려야 뗄 수 없는 관계에 있다. 카뮈가 어떤 사상가인지, 어떤 작가인지를 잘 몰라도 그의 이름을 대

38　사르트르는 원래 "타자를 위한, 타자에 의한 예술만이 있을 뿐이다"라고 주장한다(장 폴 사르트르, 『문학이란 무엇인가』, 정명환 옮김, 민음사, 1998, p.64). 이것을 문학에 적용시키면 결국 '독자를 위한 문학', '독자에 의한 문학'이 된다.

39　변광배, 『사르트르의 《문학이란 무엇인가》 읽기』, 세창미디어, 2016 참조.

면 부조리라는 단어가 곧바로 연상될 정도이다. 물론 거기에 '반항'이라는 단어를 덧붙여야 할 것이다. 곧 보겠지만 부조리와 반항은 표리 관계를 이루고 있어 결국 두 단어는 한 쌍을 이룬다. 그렇다면 이처럼 카뮈의 사상과 문학을 집약하고 있는 부조리는 어떤 개념일까? 카뮈는 1942년에 출간된 『시지프 신화』에서 이 개념을 집중적으로 다루고 있다. 그 책을 중심으로 부조리 개념을 이해해 보자.

'부조리'에 해당하는 불어 단어는 'absurdité'이다. 형용사는 'absurde'이다. 우리말 역어에 해당하는 '부조리不條理'의 사전적 의미는 '이치에 맞지 않다', '이성적으로 이해 불가능하다' 등이다. 불어 단어에는 어원적으로 '귀가 먹은sourd'이라는 단어가 포함되어 있다. 카뮈는 『시지프 신화』에서 '부조리'를 '감정', 보다 구체적으로는 '단절 또는 절연'의 감정으로 규정한다. "부조리라는 것은 본질적으로 일종의 이혼, 즉 절연이다."[40]

그런데 상식적인 얘기이지만 단절은 무엇과 무엇 간의 단절이다. 그렇다면 부조리는 무엇과 무엇 간의 단절일까? 이 질문에 대한 답은 '나'와 이 '세계'와의 단절이다.[41] 이 '세계'에는 '나', '타자'와 '사물'

---

[40] 알베르 카뮈, 『시지프 신화』, p.299.

[41] 뒤에서 다시 보겠지만, 인간-세계의 합일, 조화, 화해, 결혼, 즉 '통일성'과 반대되는 것이 바로 이 단절이다. 그런 의미에서 부조리는 반-통일성이라고 할 수 있을 것이다(김진식, 『알베르 카뮈의 통일성 향수와 미학』, UUP, 2005, p.18 참조). 문학을 비롯해 예술은 이와 같은 부조리로 인해 상실되어 버린 통일성 회복을 위한 행위이며, 따라서 반항에 속하게 된다. 이 점에 대해서는 카뮈의 문학론과 사르트르의 그것을 비교할 때 좀 더 자세히 보게 될 것이다.

등이 포함된다고 할 수 있다.[42] 그렇다면 결국 부조리는 '나-나', '나-타자', '나-사물' 사이의 단절의 감정이다.

　카뮈에 따르면 인간은 보통 부조리를 느끼지 못하고 지낸다. 그러니까 인간은 평소 습관과 일상성에 함몰되어 지내고 있다. 평상시 내 주위에 펼쳐져 있는 세계는 나에게 비교적 익숙한 모습을 보여 준다. 그런 만큼 이 세계는 불편함이 없는 세계, 당연當然이 지배하는 세계라고 할 수 있다. 일반적으로 나는 이런 세계에서 무반성적이고 관성적이며 기계적으로 반복되는 태도로 삶을 영위하고 있다.

　내가 나를 에워싸고 있는 이 세계에 어떤 질문을 던질 때, 대부분의 경우에 이 세계는 나에게 그 질문에 대한 해답과 해결책을 던져 준다. 나는 이 세계가 나에게 들려주는 해답과 해결책을 '들을' 수 있다. 그렇기 때문에 나는 이런 세계를 합리적이라고 생각하면서 그 세계에서 비교적 안정감을 느끼며 살아가는 것이다. 카뮈는 일상성에 매몰된 인간의 삶을 이렇게 표현하고 있다.

　　아침에 기상, 전차를 타고 출근, 사무실 혹은 공장에서 보내는
　　네 시간, 식사, 전차, 네 시간의 노동, 식사, 수면 그리고 똑같은 리
　　듬으로 반복되는 월, 화, 수, 목, 금, 토, 이 행로는 대개의 경우 어

---

[42]　사르트르 역시 이 세계를 '존재의 세 영역(trois régions d'être)'을 빌려 설명한다. 그에 의하면 '나', '타자', '사물'이 존재의 세 영역에 속한다.

럽지 않게 이어진다.[43]

그러다가 느닷없이 '왜'라는 의문이 드는 순간이 있다는 것이 카뮈의 주장이다. 시지프의 경우가 좋은 예이다. 정상에서 굴러떨어진 바위를 밀어 올리기 위해 내려가면서 생각하는 것이다. 왜 바위를 다시 밀어 올려야 하지? 카뮈는 바로 그 순간에 명석한 의식이 깨어난다고 본다. 그 순간이 바로 부조리의 첫 징후가 나타나는 순간으로 이해된다.

> 다만 어느 날 문득 '왜?'라는 의문이 솟아오르고 놀라움이 동반된 권태의 느낌 속에서 모든 일이 시작된다. '시작된다'는 말은 중요하다.[44]

> 저 야릇한 영혼의 상태, 텅 빈 공허가 웅변적이 되고, 일상의 판에 박힌 행동의 연쇄가 끊어지면서 마음이 그 줄을 다시 이어 줄 고리를 찾으려 하나 헛일이 되는 야릇한 상태를 나타내는 것이라면, 그때 그 대답은 바로 부조리의 첫 징후인 것이다.[45]

정확히 그 순간에 인간의 의식은 사유가 비틀대는 공간으로 진입

---

43 알베르 카뮈, 『시지프 신화』, p.279.
44 같은 곳.
45 같은 책, pp.278-279.

하게 된다. 사유가 극한에 도달하는 황량한 공간, 낯선 장소, 곧 사유의 '사막砂漠'에 도달하는 것이다. 그러니까 이 세계에 대해 어떤 질문을 던졌는데, 평소와는 다르게 그 질문에 대한 해답이 주어지지 않으며, 그 해답이 들리지 않는 지점에 도달하는 것이다. 카뮈에 따르면 그 순간이 바로 부조리, 곧 "세계의 두꺼움과 낯섦"[46]과 대면하는 순간이다. 이와 관련하여 다음과 같은 신경림 시인의 「사막」이라는 시는 시사하는 바가 크다고 할 수 있다.[47]

> 갑자기 나는 사방이 낯설어졌다.
> 늘 보던 창이 없고 창에 비치던 낯익은 얼굴이 없다
> 산과 집, 나무와 꽃이 눈에 설고 스치는 얼굴이 하나같이 멀다
> 저잣거리를 걸어도 뜻 모를 말만 들려오고
> 찻집에 앉아 있어도 알아들을 수 없는 말뿐이다
> 한동안 나는 당황하지만 웬일일까 이윽고 눈앞이 환해지니
> 귓속도 밝아지면서
> 죽어서나 빠져나갈 황량하고 삭막한 사막에 나를 가두었던 것이
> 눈에 익은 얼굴과 귀에 밴 말들이었던가

---

46 같은 책, p.281.

47 카뮈는 『시지프 신화』에서 '부조리' 개념을 설명하면서 '사막'을 여러 차례 언급하고 있다. 김용규는 『철학카페에서 문학 읽기』(웅진지식하우스, 2006)에서 신경림의 「사막」을 사르트르의 『구토』와 비교하고 있다. 이런 비교를 통해서도 카뮈의 부조리 개념과 사르트르의 구토 개념이 유사하다는 것이 증명되고 있다.

아는 얼굴이 없고 남이 하는 말을 듣지 못해

비로소 얻게 되는 이 자유와 해방감

눈앞에 펼쳐지는 것이

또 다른 사막임을 내 왜 모르랴만.

부조리 개념에 대한 카뮈의 설명에서 가장 인상적인 표현은 아마 다음과 같은 표현일 것이다. 부조리란 '나'를 둘러싼 세계라는 익숙한 "무대장치들이 문득 붕괴되는 일"[48]과 같다는 표현이 그것이다. 세계를 이해한다는 것은 거기에 인간의 낙인을 찍는 것이다. 인간은 그의 사고 능력, 곧 이성을 통해 시간과 공간적인 측면에서 이 세계의 넓이와 깊이를 측정한다. 그렇게 되면 낯설고 불합리하고 설명이 안 되던 그 세계가 그에게 익숙해진다. 세계가 낯선 모습을 보이게 되면 거기에 대해 그는 사고 능력과 이성을 확장하면서 세계를 이해, 정복해 나가게 된다.

하지만 이 세계는 함정, 모순, 불합리로 가득 차 있다. 특히 이 세계는 인간에게 '무관심indifférent'하다. 카뮈는 "세계의 원초적 적의敵意"[49]라고 말한다. 인간에게 이런 세계의 모습보다 더 큰 폭력이 있을까? 요컨대 이 세계는 기이하고 낯선 세계이다. 그렇기 때문에 인간은 돌연 그의 사고 능력과 이성으로 설명이 안 되는 세계의 모습에

48   알베르 카뮈, 『시지프 신화』, p.279.
49   같은 책, p.280.

부딪쳐 아연啞然한 상태에 빠질 수 있다. 카뮈에 따르면 그런 상태에서 인간은 부조리와 대면하게 된다.

> 설사 시원찮은 이유들을 가지고서라도 설명할 수 있다면 그 세계는 낯익은 세계이다. 그러나 이와 반대로 돌연 환상과 빛을 잃은 세계 속에서 인간은 스스로 이방인이 되었음을 느낀다.[50]

예를 들어 보자. 나는 나 자신과의 관계에서 비교적 익숙하다. 하지만 어느 날 새벽에 깨어나 거울 속의 자신을 보면서 평소 보지 못했던 내 모습을 보는 경우가 있다. 그때의 내 모습, 특히 내 얼굴은 나에게 얼마나 낯선가! 카뮈에 의하면 이런 낯선 느낌, 이런 이질적인 느낌이 바로 부조리다.

> 이와 마찬가지로 어떤 때 거울 속에서 우리를 만나러 오는 그 이방인, 우리 자신의 사진 속에서 다시 보는 친근하면서도 불안스러운 형제, 이것 또한 부조리이다.[51]

이런 상황은 '나-타자' 사이에도 항상 발생 가능하다. 평소 잘 알고 지낸다고 생각했던 사람이 전혀 엉뚱한 모습을 보이는 경우가 얼

---

[50] 같은 책, p.270.
[51] 같은 책, p.281.

마나 많은가! 이런 경우에 나는 타자 앞에서 얼마나 당황하는가! 카뮈는 전화박스에서 통화하는 사람의 예를 들고 있다.[52] 나는 지금 내게서 조금 떨어진 전화박스에서 통화를 하고 있는 사람을 본다. 그가 전화를 걸고 있다는 것은 분명하다. 하지만 그가 통화하는 내용을 나는 전혀 모른다.

분명, 인간이 이 세계와의 관계에서 부딪치는 가장 절망적이고도 안타까운 부조리 중 하나는 '죽음'일 것이다. 모든 생명체는 죽는다. 피할 수 없는 운명이다. "삶은 마땅히 죽음에 이르는 것이니 인간이란 화형 때 지피는 장작"[53]이다. 하지만 모든 생명체는 왜 죽어야 하는 걸까? 왜 인간은 그가 사랑했던 사람들, 동물들이 죽어 가는 것에 속수무책으로 그냥 체념해야 할까? 죽음처럼 부조리한 것은 없다.

물론 죽음은 시간이 가진 무자비하면서도 피할 수 없는 무서운 파괴적인 힘의 다른 모습이다. 카뮈는 모든 것을 죽음으로 이끄는 시간을 "피비린내 나는 수학"[54]이라고 표현하고 있다. 그렇다면 대체 시간은 왜 모든 것을 파괴하는 걸까? 그보다 먼저, 시간은 무엇일까? 여기서 성 아우구스티누스가 『고백록*Les Confessions*』에서 제기했던 지난한 물음에 봉착한다.[55]

---

[52] 같은 곳.

[53] 알베르 카뮈, 「계엄령」, 『알베르 카뮈 전집 특별판 4』, 김화영 옮김, 책세상, 2010, p.147.

[54] 알베르 카뮈, 『시지프 신화』, p.282.

[55] "그러면 시간이란 무엇일까요? 아무도 저에게 물어보지 않았을 때 저는 알고 있는 듯하다가 막상 질문을 받고 나면 설명할 수 없습니다"(성 어거스틴, 『참회록』, 함희준 옮김, 예림미디어, 2006, p.387).

그런데 카뮈에 따르면 인간에게는 살아가면서 종종 부조리를 느끼는 것이 필요하다. 부조리를 느끼지 못한 채로 살아간다면, 삶의 가치는 '영零'에 가깝다. 사르트르에게서 구토를 느끼지 못하는 상태와 비슷하다. 우리가 일상성에 함몰되어 기계적이고 반복적인 삶을 살아가며, 차이를 만들어 내지 못하고 생성과 창조를 할 수 없는 삶을 영위한다면, 인간은 살아도 참다운 의미에서 사는 것이 아니라고 할 수 있을 것이다. 하지만 그렇다고 해서 인간이 매 순간 부조리로 점철된 삶을 살 수도 없는 노릇이다. 그런 삶은 비정상적인 삶일 것이다.

부조리의 극복: 자살, 종교, 반항

그로부터 다음과 같은 결론이 도출된다. 부조리를 느끼기는 하되, 어떤 식으로든 거기에서 벗어나야 할 필요가 있다는 결론이 그것이다. 카뮈는 『시지프 신화』에서 그 방법으로 세 가지를 제시하고 있다. '자살', '종교', '반항'이 그것이다. 먼저 자살을 보자.

카뮈는 『시지프 신화』의 서론 부분에서 '자살'을 언급한다. 유일하게 진지한 철학적 문제는 자살이라는 것이다.

> 참으로 진지한 철학적 문제는 오직 하나뿐이다. 그것은 바로 자살이다. 인생이 살 만한 가치가 있느냐 없느냐를 판단하는 것이야말로 철학의 근본문제에 답하는 것이다.[56]

카뮈가 이처럼 자살을 언급하는 것은 과연 자살이 부조리 극복의 한 방법이 될 수 있는가를 알아보기 위해서이다.

> 이 시론[『시지프 신화』]의 주제는 바로, 이러한 부조리와 자살 사이의 관계를 밝히고, 자살이 어느 만큼이나 부조리에 대한 해결이 될 수 있을 것인가를 생각해 보려는 데 있다.[57]

그렇다면 자살은 부조리에 대처하는 적절한 방법이 될 수 있을까? 이 질문에 대한 카뮈의 답은 부정적이다. 그 이유는 이렇다. 앞서 보았듯이 부조리는 두 항의 단절에서 기인한다. 부조리는 '나-나', '나-타자', '나-사물'의 관계의 단절을 전제로 한다. 그런데 자살은 그 두 항 중 하나인 '나'의 완전한 '무화néantisation', 곧 사라짐을 의미한다. 이것은 '육체적 자살'이다. 내가 없는 경우, 과연 이 세계는 나에게 어떤 의미가 있을까? 카뮈는 정확히 이런 의미에서 자살이 부조리 해결 또는 극복을 위한 적절한 조치가 될 수 없다고 규정한다.

그다음으로는 종교를 통한 희망이다. 자살에서와는 달리 종교에서는 부조리를 구성하는 두 항 중 하나인 세계가 무화된다고 할 수 있다. 기독교 같은 종교에서는 신에 의해 창조된 이 세계에서 부조

---

56 알베르 카뮈, 『시지프 신화』, p.267.
57 같은 책, p.271.

리는 존재 권리를 갖지 못한다. 왜냐하면 모든 것이 신의 지적 대기획에 의해 움직이기 때문이다. 그런 세계에서는 모든 것이 합리적이고, 모든 것에 해답이 있을 수 있다. 최소한 기독교인들은 그런 신념을 가지고 있다. 이것은 철학적 반성을 필요로 하지 않는다는 의미에서 '철학적 자살'이라고 할 수 있다.

또한 종교의 목표는 현세에서의 구원도 있지만, 보통은 미래, 곧 내세에서의 구원이다. 하지만 카뮈는 '현재'만을 중요시한다. 그에게 내일은 불확실하다. 그에게는 미래를 위한 찬가가 없다. 미래에 대한 희망과 기대는 문자 그대로 희망과 기대일 뿐이다. 미래에 실현되기를 바라는 꿈이 실제로 실현된다는 확실한 보장이 없다. 여기서 카뮈의 사상이 무신론에 바탕을 두고 있다는 사실을 지적하자. 게다가 카뮈는 미래를 담보로 특히 현재의 고통을 정당화하는 노력을 극구 거부한다. 이런 이유로 카뮈는 종교를 부조리에 대한 진정한 해결책으로 여기지 않는다. 요컨대 그에 따르면 종교라는 희망을 설정하더라도 세계가 변하는 경우는 없다.

카뮈는 부조리에 대처하는 마지막 방책으로 반항을 제시한다. 그리고 반항을 '자유'와 '열정'에 연결시키고 있다. 자유와 열정은 각각 반항을 떠받치는 힘이라고 할 수 있다.

이리하여 나는 부조리에서 세 가지의 귀결을 이끌어낸다. 그것은 바로 반항, 나의 자유, 그리고 나의 열정이다. 오직 의식의 활동만을 통해서만 나는 죽음으로의 초대였던 것을 삶의 법칙으로 바

꾸어 놓는다. 그래서 나는 자살을 거부한다.[58]

카뮈에 따르면 반항은 부조리를 형성하는 두 항 사이의 재결합의 시도이다. 보다 구체적으로 그 두 항 사이에 긴장 관계를 재정립하려는 노력이다. 한 항이, 특히 내가 다른 한 항을 붙잡고 껴안고 포기하지 않으려는 열망이다. 이것은 나의 피할 수 없는 삶의 조건에 대한 끝없는 도전이다. 카뮈는 바위를 산 정상으로 밀어 올려야 하는 형벌을 받고 있는 시지프에게서 반항의 진정한 모습을 발견한다.

경련하는 얼굴, 바위에 밀착한 뺨, 진흙에 덮인 돌덩어리를 떠받치는 어깨와 그것을 고여 버티는 한쪽 다리, 돌을 되받아 안은 팔끝, 흙투성이가 된 두 손 등 온통 인간적인 확신이 보인다. 하늘 없는 공간과 깊이 없는 시간으로나 헤아릴 수 있는 이 기나긴 노력 끝에 목표는 달성된다. 그때 시지프는 돌이 순식간에 저 아래 세계로 굴러떨어지는 것을 바라본다. 그 아래로부터 정점을 향해 이제 다시 돌을 끌어올려야만 하는 것이다. 그는 또다시 들판으로 내려간다.[59]

---

[58] 같은 책, p.337.
[59] 같은 책, p.411.

게다가 카뮈는 이와 같은 시지프의 모습에서 '행복'을 발견한다. 대체 카뮈는 어떤 이유에서 바위를 밀어 올리는 단말마의 고통 속에 있는 시지프에게서 행복을 발견하는 것일까? 답은 바로 '삶'에 대한 치열한 태도, 곧 주어진 삶의 한순간도 놓치지 않으려는 집념 어린 태도 속에 있다. 그런 태도를 '성실성sincérité'이라고 부를 수 있을 것이다. 주어진 자신의 삶에 최대한 충실하기! 최선을 다해 자기自己를 실현하기!

대부분의 사람은 바위를 밀어 올리는 형벌을 받고 있는 시지프에게서 삶의 부조리만을 보고 만다. 하지만 카뮈는 온몸으로 바위를 떠밀고 있는 시지프에게서 오히려 가장 고귀한 삶의 순간, 곧 반항을 실천하고 있는 가장 정열적인 모습을 본다. 그 이유는 바위를 밀어 올리는 순간만큼은 시지프가 최선을 다해 살고 있기 때문이다. 카뮈는 이렇게 말한다. "행복과 부조리는 같은 땅이 낳은 두 아들이다."[60]

시지프 신화: 삶과 환희

앞서 지적한 바와 같이 모든 생명체, 그중에서도 인간에게 가장 커다란 부조리는 죽음이다. 반드시 죽어야 한다는 필멸성처럼 부조리한 사태는 없다. 앞서 카뮈는 인간의 유한성, 즉 죽음, 질병 등에

---

[60] 같은 책, p.413.

대한 강박관념을 가졌다고 했다. 이 단계에서 카뮈가 왜 '시지프'를 자신의 몸신으로 규정했는지 짐작하는 것은 그다지 어렵지 않다.

그리스 신화에 따르면 시지프는 아주 영리한 인간으로, 죽어서 명계冥界에 갔다가 살아 나온 유일한 인간이다. 신화를 잠깐 살펴보자.

시지프는 바람의 신인 아이올로스와 그리스인의 시조인 헬렌 사이에서 태어났다. 시지프는 인간 중에서 가장 현명하고 신중한 사람으로 여겨진다. 하지만 신들의 눈에는 엿듣기 좋아하고, 입이 싸고, 교활하고, 특히 신들을 우습게 여긴다는 점에서 마뜩잖은 인간으로 낙인찍힌 존재이다.

도둑질을 잘하기로 유명한 전령의 신 헤르메스는 태어난 날 저녁에 강보를 빠져나와 이복형 아폴론의 소를 훔쳤다. 그는 떡갈나무 껍질로 소의 발을 감싸고, 소의 꼬리에는 싸리 빗자루를 매달아 땅바닥에 끌리게 함으로써 소의 발자국을 지웠다. 시치미를 떼고 자신이 태어난 동굴 속의 강보로 돌아가 아무것도 모르는 갓난아기 행세를 했다.

헤르메스의 완전범죄를 망쳐 놓은 인간이 바로 시지프이다. 아폴론이 자신의 소가 없어진 것을 알고 찾아다니자, 시지프가 일러바친다. 아폴론은 헤르메스의 도둑질을 제우스에게 고발하고, 그로 인해 시지프는 헤르메스뿐만 아니라 제우스의 눈총까지 받게 된다. 신들의 일에 인간이 감히 끼어든 것이 주제넘게 보인 것이다.

그 일로 인해 경계의 대상이 된 시지프는 결정적인 죄를 저지른다. 시지프는 제우스가 독수리로 둔갑해 요정 아이기나를 납치해 가는 현장을 목격한다. 생각 끝에 시지프는 아이기나의 아버지인 강신江神 아소포스를 찾아간다. 딸을 걱정하는 아소포스에게 시지프는 부탁을 하나 들어준다면 딸이 있는 곳을 가르쳐 주겠다고 말한다.

시지프는 그때 코린토스를 창건하여 다스리고 있었다. 그런데 물이 귀해 백성들이 고생을 하고 있었다. 시지프는 코린토스에 있는 산에다 마르지 않는 샘을 하나 만들어 달라고 부탁했다. 딸을 찾는 것이 급선무인 아소포스는 시지프의 부탁을 들어준다. 시지프는 그에게 제우스가 아이기나를 납치해 간 섬의 위치를 가르쳐 주고, 아소포스는 곧 그곳으로 달려가 딸을 제우스에게서 구해 낸다.

자신의 비행을 일러바친 장본인이 시지프임을 알아낸 제우스는, 죽음의 신 타나토스에게 그를 잡아 오라고 명령한다. 하지만 제우스가 자신에게 보복하리라는 걸 미리 예측하고 있던 시지프는, 타나토스가 오자 그를 쇠사슬로 묶어 돌로 된 감옥에 가두어 버린다. 죽은 사람을 저승으로 데려가는 저승사자가 묶여 있어 죽는 사람이 없어졌다.

명계를 다스리는 하데스가 이 사태를 제우스에게 고하고, 제우스는 전쟁신 아레스를 보내 타나토스를 구하게 한다. 호전적이고 잔인하기 이를 데 없는 아레스에게 맞섰다간 코린토스가 피바다가 될 것임을 알고 시지프는 순순히 항복한다. 그런데 타나토스의 손에 끌려가면서 시지프는 아내 멜로페에게 자신의 시신을 화장도 매장도 하지 말고 광장에 내다 버리고, 장례식도 치르지 말라고 이른다. 저승에 당도한 시지프는 하데스 앞에서 이렇게 말한다.

"아내가 저의 시신을 광장에 버리고 장례식도 치르지 않은 것은, 죽은 자를 수습하여 무사히 저승에 이르게 하는 이제까지의 관습을 조롱한 것입니다. 이는 곧 명계의 지배자에 대한 능멸입니다. 그러니 제가 다시 이승으로 돌아가 아내의 죄를 추궁한 후 다시 오겠습니다. 저에게 사흘간만 말미를 주십시오."

시지프의 꾀에 넘어간 하데스는 그를 이승으로 보내 준다. 하지만 시지프는 약속을 지키지 않는다. 시지프에게는 이승에서의 삶이 너무도 소중하다. 하데스가 몇 번이나 타나토스를 보내 경고하지만, 그때마다 시지프는 말재주와 임기응변으로 피한다.

그렇게 해서 그는 그 후로 오랫동안 삶의 기쁨을 누린다. 하지만 아무리 현명하고 신중하다 해도 인간이 신을 이길 수 없다. 결국 시지프도 타나토스에게 잡혀 명계로 돌아간다.

명계에선 가혹한 형벌이 그를 기다리고 있었다. 하데스는 명계에 있는 높은 바위산을 가리키며, 그 기슭에 있는 큰 바위를 산꼭대기까지 밀어 올리라고 했다. 시지프는 온 힘을 다해 바위를 꼭대기까지 밀어 올렸다. 하지만 바로 그 순간에 바위는 아래로 굴러떨어져 버렸다. 시지프는 다시 바위를 밀어 올려야만 했다. 왜냐하면

하데스가 "바위가 늘 그 꼭대기에 있게 하라"라고 명령했기 때문이었다.

이렇게 해서 시지프는 하늘이 없는 공간, 측량할 길 없는 시간과 싸우면서 영원히 바위를 밀어 올려야만 했다.[61]

조금 길게 기술한 이 신화에서 카뮈가 주목하는 것은 바로 시지프가 죽어서도 살아났다는 사실이다. 앞서 지적한 것처럼 카뮈는 폐결핵으로 죽음 문턱까지 간 경험이 있었다. 그런 만큼 그에게는 '오늘', '현재', '이 순간' 이외의 다른 시간은 의미가 없다. 과거나 특히 희망과 기대를 안고 있는 미래는 그에게는 아무런 의미가 없다. 오늘 죽을지 내일 죽을지 모르는 사람이 아침에 일어나 눈을 뜨는 순간은 그가 살아 있음을 절감하는 순간일 것이다. 그런 그에게 주어진 하루를 가장 충만한 하루로 만드는 것, 그것 이상의 목표가 있을까?

카뮈에게 가장 소중한 것은 '삶', 그것도 현재의 삶 그 자체이다. 그에게 오늘을 희생하면서 내일의 행복을 기대하는 것은 아무런 의미가 없다.

따라서 카뮈에게 있어서는 현재가 절대이다. 기쁨, 그것은 '맛보

---

61 카뮈는 『시지프 신화』에서 이 신화를 간략하게 정리하고 있다. 여기서는 카뮈가 왜 시지프를 자신의 몸신으로 삼았는가를 설명하기 위해 신화를 더 자세하게 소개했다.

아야' 할 것이고, 고통은 정면으로 대결해야 할 것이다. 그러나 기쁨이든 고통이든 우리로 하여금 모든 관심을 기울일 것을 요구한다. 아무것도 우리를 거기에서 멀어지게 할 수 없다.[62]

후일 사르트르와의 결렬에서도 이와 같은 미래에 대한 희망과 기대라는 망상이 중요한 변수로 작용한다. 혁명이 반드시 미래의 유토피아 건설을 보장해 주지 못한다는 것이다. 어쨌든 한 가지 분명한 것은, 카뮈에게서 반항은 현재적 삶에 대한 충실과 동의어라는 점이다. 그런데 이와 같은 현재적 삶에 대한 충실은 관념적이지 않다. 오히려 구체적이고 현실적이다. 부조리를 각성하고 느끼는 것은 그 주체의 삶의 고양에 없어서는 안 될 요소이다. 또한 그런 부조리는 반항과 한 쌍을 이루기 때문에 결국 반항은 그 주체가 자기에게 주어진 삶에 충실하기 위해 없어서는 안 될 또 하나의 요소이다.

그리고 카뮈에게서 이런 삶이 펼쳐지는 무대는 '자연' 또는 '세계', 보다 구체적으로는 '대지'이다. 부조리와 반항을 통해 주어진 본연의 자기에게 충실하기, 그것도 대지를 박차고 떠나지 않고 그것을 껴안기, 다시 말해 '지금-여기'에 충실하면서 '대지'에 '뿌리내리기', 그리고 이를 바탕으로 충만한 삶을 향유하면서 행복을 누리기, 이것이 결국 카뮈가 추구하는 인간의 이상적인 삶의 모습인 것이다.

이렇듯 카뮈에게서 반항은 단절된 인간과 자연, 곧 대지의 합일,

---

[62] 에릭 베르네르, 『폭력에서 전체주의로: 카뮈와 사르트르의 정치사상』, p.78.

즉 '결혼noce'을 위한 하나의 결정적 동력으로 이해된다. 카뮈는 이런 상태를 '통일성unité'으로 이해한다. 요컨대 인간은 이 세계와 단절되어 '적지exil'에 유배되었지만, 그럼에도 통일성이 지배하는 '왕국royaume'으로 되돌아가고자 하는 열망을 가지고 있다. 인간과 세계, 대지 사이에 맺어지는 긴장 관계! 하지만 무한정 풍요로운 관계! 인간의 모든 것을 앗아 갈 수 있는 두렵고 무관심한 세계, 대지! 하지만 인간의 모든 꿈, 삶, 행복을 담보하는 있는 세계, 대지!

부조리의 윤리, 양의 윤리

부조리의 윤리와 관련하여 『이방인』의 중심인물인 뫼르소Meursault의 삶에 대한 태도는 흥미롭다 하겠다. 이 작품에서 그는 결국 사형 선고를 받고 형장의 이슬로 사라지는 길을 선택한다. 대체 그는 왜 항소심을 통해 사형을 면할 가능성을 아예 내쳐 버리는 걸까? 다시 말해 왜 그는 자살과도 같은 죽음을 선택하는 걸까? 카뮈는 『시지프 신화』에서 자살을 부조리 극복의 부적절한 방법으로 제시하지 않았던가? 더군다나 뫼르소는 그 자신의 죽음을 행복한 마음으로 맞이하겠다고 한다. 대체 이런 역설이 어떻게 해서 가능할까?

이 질문에 대한 답은 바로 '부조리의 윤리', 곧 "양量의 윤리"[63]에 있다. 앞서 지적한 것처럼 일상성에 매몰된 삶의 가치는 '영'에 가깝

---

[63] 알베르 카뮈, 『시지프 신화』, p.350.

다. 그와 반대로 부조리를 각성한 후의 삶의 가치는 '무한대∞'에 가깝다. 그런 만큼 그런 상태로 1년을 살든 5년을 살든 그 삶의 가치는 1년 또는 5년 × ∞ = ∞인 반면, 일상성에 매몰된 상태에서는 50년을 살든 100년을 살든 그 가치는 결국 50년 또는 100년 × 0 = 0이라는 계산이 성립된다. 그런 만큼 감옥에 갇혀 부조리를 각성한 뫼르소는 자신의 삶을 더 연장시킬 필요성을 느끼지 못한다고 할 수 있다. 요컨대 카뮈에게서 가장 중요한 것은 양적으로는 '삶의 양'을, 질적으로는 '삶의 가치'를 '무한대'로 늘리는 것이다.

뫼르소에게는 사형이 집행될 때까지 아주 짧은 시간만이 남아 있다. 이것은 부인할 수 없는 사실이다. 하지만 그는 그 짧은 시간에 양적으로 가장 많은 삶, 곧 본연의 자기에게 충실한 삶을 살 수 있고, 또 그것이 그에게는 질적으로도 가장 밀도 있는 삶, 곧 최선의 삶일 수 있다. 이처럼 뫼르소는 반항을 몸소 실천한 것이다. 그의 반항은 다음과 같이 명제의 극적인 구현이라고 할 수 있다. "나는 반항한다. 그러므로 나는 존재한다Je me révolte, donc je suis."

> 자신의 삶, 반항, 자유를 느낀다는 것, 그것을 최대한 많이 느낀다는 것, 그것이 바로 사는 것이며, 최대한 많이 사는 것이다. 명석한 정신이 지배하는 곳에서는 가치의 척도는 무용해진다.[64]

---

[64] 같은 책, p.335.

카뮈는 이와 같은 부조리의 윤리 또는 양의 윤리를 실천하는 사람의 예로 돈 후안, 연극배우, 정복자, 예술가[65]를 들고 있다. 돈 후안은 스페인 극작가 티르소 데 몰리나의 작품 『세비야의 호색가와 돌의 초치객招致客』(1630)의 중심인물이다. 오늘날에는 여성 편력의 대표적 인물로 소개되곤 한다. 하지만 카뮈에 의하면 돈 후안은 자신의 삶의 기회를 남김없이 소진하는 인간이다. 그는 다양한 여성과 사귀며 사랑의 가치에 우열을 두지 않고 모든 현재를 사랑하는 태도를 취하고 있는데, 이런 태도가 바로 카뮈가 내세우는 양의 윤리를 실천하는 인간, 곧 부조리한 인간의 한 전형에 해당한다.

카뮈에 의하면 연극배우 역시 양의 윤리를 실천하는 사람이다. 연극배우는 그 자신의 삶 하나로 무대 위에서 수많은 삶을 연기한다. 그는 수많은 사람들의 삶 속으로 들어가 다양한 삶을 고루 경험한다. 또한 정복자도 양의 윤리를 실천하는 부조리의 인간이다. 일상생활에서 어떤 사람이 다른 사람을 죽이면 그는 범죄를 저지른 것이 된다. 하지만 전쟁에서 정복자가 사람을 많이 죽이면 죽일수록 그는 영웅이 된다. 적은 숫자의 사람을 죽이면 그것은 패배로 직결될 뿐이다. 그래서 그는 부조리한 인간이다. 이처럼 정복자는 주어진 시간과 더불어 최대한 살기 위해서는 최대한 많은 적을 물리쳐야 한다. 요컨대 그는 자기 직분에 충실해야 하는 것이다.

---

[65] 예술가에 대해서는 뒤에서 사르트르와 카뮈의 문학론을 비교할 때 다루기로 한다.

4

구토와 부조리의 차이는?

앞서 살펴본 것처럼 20세기 초중엽에 성장한 사르트르와 카뮈는 동시대에 대한 유사한 감수성을 각각 구토와 부조리로 표현하고 있다. 그렇다면 이 두 개념 사이에는 어떤 차이점이 있을까? 이 질문과 관련하여 다음과 같은 두 가지를 지적하자.

첫째, 사르트르의 구토는 주로 '인간'과 '사물' 사이의 관계에서 기인하는 데 비해, 카뮈의 부조리는 '인간'과 '세계', 보다 구체적으로 '나-나 자신', '나-타자', '나-사물' 사이의 관계의 단절에서 기인한다는 점이다. 사르트르에게서도 '나-타자' 사이의 관계는 중요한 관계로 여겨진다. 하지만 사르트르는 인간들 사이의 관계에 내해 '부조리'라는 표현을 사용하지는 않는다. 이어지는 장에서 곧 보겠지만 사르트르는 '나-타자'의 관계를 주로 '갈등'과 '투쟁'의 관점에서 이해하고자 한다.

둘째, 사르트르의 구토와 카뮈의 부조리는 그 치유 방법 면에서 같지 않다는 점이다. 사르트르에게서 구토를 극복할 수 있는 방법으로 우선적으로 글쓰기 예술, 곧 문학이 거론된다.[66] 그에게 문학은

---

[66] 사르트르는 구원의 진정한 방법으로 예술이나 문학 창작을 제시하고 있으나, 이 방법은 확대 가능하다. '작품' 개념을 반드시 예술이나 문학 창작의 결과물에 국한하지 않고 인간의 정신이 투사된 모든 것으로 여길 수 있다. 학문, 건축물, 부의 축적, 법, 제도, 사업,

한동안 '절대'였으며, 그런 만큼 기독교의 구원을 대신할 수 있는 기제基劑였다. 물론 후일 그는 문학의 효용성에 대한 환상을 고백한다. 하지만 사르트르가 『존재와 무』, 『구토』 등으로 대표되는 그의 전기 사상까지만 하더라도 문학을 구토 극복의 절대적 방법으로 여겼다는 점은 분명하다.

그 반면에 카뮈는 부조리에 대한 대처 방법으로 반항을 제시한다. 카뮈에게서도 문학이나 예술은 분명 반항의 한 방법이기는 하다. 하지만 카뮈는 문학이나 예술에 '절대적 가치'를 부여하지는 않는다.[67] 그보다는 오히려 카뮈는 자연, 대지와의 합일, 곧 통일성의 회복에 더 큰 가치를 부여하고 있다.

인간들이 몸담고 있는 현실 사회에서는 그와 같은 통일성, 즉 인간-대지(자연)-타인들 사이의 조화와 화해를 발견할 수 없다. 그런 만큼 예술 또는 문학을 통해 인간이 자연, 대지와 처음 접촉하면서 향유했던 통일성, 즉 '왕국'을 기억하면서 그것에 대한 향수를 가지고 '적지'가 되어 버린 현실 사회의 잃어버린 통일성을 치유하고 수

스포츠 등의 예가 그것이다. 다만, 사르트르는 문학작품이 오래 지속될 수 있는 가능성을 배제하지 않는다. 다른 작품들의 경우에 과연 그 생명이 오래 지속될 수 있는가의 문제가 제기될 수 있다. 물론 어떤 작품은 문학작품보다 더 오래 지속될 수 있지만, 그와 반대되는 경우도 없지 않다.

[67] 예컨대 카뮈는 1957년의 노벨문학상 수상 강연에서 이렇게 말하고 있다. "저는 개인적으로 저의 예술 없이는 살 수 없습니다. 그러나 저는 모든 것을 초월하는 저 꼭대기에 예술을 올려놓고 생각해 본 적은 없습니다"(알베르 카뮈, 『스웨덴 연설』, 『알베르 카뮈 전집 특별판 7』, p.350).

정함과 동시에 그것을 회복할 필요가 있다는 것이 카뮈의 주장이다. 이 점에 대해서는 뒤에서 카뮈의 문학관을 기술하는 기회에 다시 한번 언급하게 될 것이다.

제2장

나–너–우리: 갈등과 공존

1

타자, 나의 지옥

존재의 한 영역: 타자

사르트르의 '타자'에 대한 사유, 곧 대타관은 카뮈의 그것과 겹치는 부분도 없지 않다. 하지만 사르트르의 대타관은 다음 두 가지 점에서 카뮈의 그것과 확연하게 구분된다. 첫째, '우리'의 선재성先在性과 '나-타자'의 화해, 상생, 공존으로 기우는 카뮈와는 달리, 사르트르에게서 '나-타자'의 관계는 갈등과 투쟁으로 기울며, '폭력'을 통해 '우리'가 형성된다는 주장을 펴고 있다는 점이다.[68] 둘째, 사르트르는

[68] 물론 사르트르에게서 폭력을 통하지 않은 공동체의 정립 가능성이 없는 것은 아니다. 예 컨대 연극, 영화, 콘서트, 전시회, 스포츠, 종교 등을 통해 형성되는 공동체가 그것이다. 같은 저자의 작품을 읽는 독자들에 의해 구성되는 공동체도 거기에 해당될 수 있을 것

카뮈와 달리 그 자신의 타자론을 일목요연하게 정리해서 제시하고
있다는 점이다.

사르트르의 타자에 대한 논의는 "대타존재Le Pour-autrui"라는 제목
이 붙은 『존재와 무』의 제3부에서 집중적으로 다루어지고 있다. 사
르트르는 이 저서에서 타자 개념에 대해 가장 많은 지면을 할애하고
있다. 이것은 그대로 사르트르가 타자에 대해 그만큼 커다란 중요
성을 부여하고 있다는 것의 반증이다. 이제 그의 대타관을 살펴보
도록 하자.

사르트르는 그의 평생의 철학적 기획을 단 한 문장으로 요약하고
있다. "나는 인간을 이해하려는 정열을 가졌다." '인간 탐구'가 영원
한 철학적 주제라는 것은 상식에 속한다. 하지만 사르트르의 이 선
언은 조금 색다른 의미가 있는 것으로 보인다. 왜냐하면 그 문장에
는 그가 1, 2차 세세대전을 겪으면서 목도한 인간들의 적나라한 비
인간적인 모습이 그대로 반영된 것으로 보이기 때문이다.

두 차례의 전쟁으로 인해 발생한 엄청난 인명 피해를 직접 목격
하면서 사르트르는 이런 질문을 던졌을 법하다. '도대체 만물의 영
장이라고 하는 인간은 자기 동료들에게 왜 그처럼 잔인한 모습을 보
여 주는가?' 이런 질문에 답하기를 시도하면서 사르트르는 곤두박
질칠 대로 쳐 버린 인간의 존엄성을 회복하는 동시에 인간이 다른

같다. 다만, 곧 보겠지만, 사르트르는 역사의 흐름은 폭력과 떼려야 뗄 수 없는 관계에 있
다는 점을 강조한다.

인간들과의 관계에서 괴물로 변해 가는 근본적인 이유를 밝히고, 그 치유책에 대한 그 나름의 철학적 반성을 시도하고 있는 것으로 보인다.[69]

사르트르는 위의 질문에 답하기 위해 『존재와 무』에서 우선 존재의 세 영역을 제시한다. 타자는 그 세 영역 중 하나이다. 사르트르는 의식의 유무를 기준으로 이 세계의 모든 존재를 '인간'과 '사물'로 구분한다. 그리고 인간을 재차 '나'와 '타자'로 구분한다. 사르트르에게서 타자는 "나의 지옥enfer"으로 규정된다.[70] 그러니까 카뮈와는 달리 사르트르는 인간과 인간 사이의 관계에서 갈등과 투쟁이 더 우세하다고 주장한다. 다만, 사르트르는 타자를 나와 나 자신을 연결해 주는 없어서는 안 될 존재로 여기면서 '나-타자'의 공존 가능성도 열어 놓고 있기는 하다. 사르트르의 사유 체계에서 나타나는 이와 같은 타자의 이중이면서 반대되는 존재론적 모습에 주목해 보자.

시선 투쟁

사르트르에게서 '나'와 '타자'는 쌍둥이처럼 이 세계에 우연히 출현하는 것으로 이해된다. 하지만 이들은 출현 순간부터 서로 찢기어 투쟁을 벌인다는 것이 사르트르의 주장이다. 왜 그럴까? 여기에

---

[69] 변광배, 「인간의 위대함과 잔혹함을 파헤친 실존주의의 경전: 장 폴 사르트르의 『존재와 무』」, 『고전의 반역 6』, KBS고전아카데미 편, 나녹, 2012 참조.

[70] 장 폴 사르트르, 「닫힌 방」, 『닫힌 방·악마와 선한 신』, 지영래 옮김, 민음사, 2013, p.82.

'시선regard' 개념이 개입한다. 그렇다면 시선은 어떤 개념인가? 사르트르는 타자 문제를 거론하면서 '타자는 어떤 존재인가'와 '나와 타자 사이에는 어떤 관계가 정립되는가'라는 질문을 던진다. 첫 번째 문제와 관련해서 사르트르는 '타자'를 '나를 바라보는 자celui qui me regarde'로 정의한다. 그러니까 시선은 나에게 타자의 직접적이고 구체적인 현전을 설명해 주는 개념이다. 두 번째 문제와 관련해서 사르트르는 이 시선 개념을 동원해 '나-타자'의 관계가 갈등과 투쟁이라는 점을 설명하고 있다. 그 이유와 과정을 보자.

사르트르는 시선을 두 눈동자의 움직임으로 보지 않는다. 그 대신에 그는 시선을 그 끝에 닿는 모든 것을 '객체화'해 버리는 무서운 '힘puissance'으로 규정한다. 따라서 시선의 주체인 타자는 나를 바라보면서 나를 객체로 사로잡으려 든다. 하지만 사르트르의 사유 체계에서 나는 객체로 있을 수가 없다. 나에게 적용되는 모든 것은 타자에게도 그대로 적용된다. 그로부터 '나-타자'의 관계는 '함께 있는 존재Mitsein'가 아니라 '시선의 투쟁'을 벌이는 '갈등'으로 귀착된다는 결론이 도출된다. 이런 시각에서 '타자'는 '나'의 '지옥'으로 이해된다. 사르트르는 이처럼 '인간은 인간에 대해 늑대homo homini lupus'라고 보는 홉스Hobbes의 전통에 따른다고 할 수 있을 것이다. 또한 '만인에 대한 만인의 투쟁Bellum omnium contra omnes'이 사르트르 대타관의 특징이기도 하다

하지만 그것만이 전부가 아니다. 사르트르는 그와 완전히 반대되는 타자의 존재론적 지위를 제시한다. 이번에는 타자가 '나'와 '나 자

신'을 연결해 주는 필수불가결한 중개자로 규정된다. 그 내력은 이렇다. 타자는 나를 바라보면서 나에 대한 모종의 이미지를 갖게 된다. 사르트르에 의하면 그 이미지는 나의 존재에 대한 '비밀', 나아가서는 나의 존재근거에 해당한다. 따라서 "나에 대해 어떤 진리를 알기 위해서 나는 타자를 거쳐야만 한다"[71]라는 주장이 성립한다.

사르트르는 신의 부재를 가정으로 내세우고 있기 때문에, 이 세계에서 나의 존재근거, 나의 존재이유를 제공해 줄 수 있는 유일한 존재는 '타자'일 수밖에 없다. 존재론적 힘이 아주 강한 타자를 상정해 보면 이 주장의 의미를 쉽게 이해할 수 있다. 또한 사르트르는 이와 같은 사실을 고려해 신의 존재를 '영원히 객체화되지 않는 시선'으로 규정하기도 한다. 이렇듯 사르트르는 '인간은 인간에 대해 신'의 전통을 따르고 있는 루소와도 연결된다.[72] 요컨대 '나'와의 관계에서 '타자'는 존재론적으로 이중의 반대되는 지위를 가지고 있다는 것이 사르트르의 견해이다.

집단들 사이의 투쟁

카뮈의 경우와 마찬가지로 사르트르의 대타관도 개인에만 국한

---

[71] 장 폴 사르트르, 『실존주의는 휴머니즘이다』, p.36.
[72] 이런 관점에서 보면 사르트르가 루소와 대척점에 있다는 주장은 무리가 있는 것으로 보인다. Michel Clouscard, *De la modernité: Rousseau ou Sartre*, Messidor/Editions sociales, 1985, pp.246-255 참조.

되지 않고 집단으로까지 확대된다. 사르트르의 『존재와 무』와 『변증법적 이성비판』 사이에 이른바 '인식론적 단절rupture épistémologique'이 있는가의 문제가 제기된다. 대부분의 연구자는 이 두 저서 사이에 연속성이 있다는 쪽으로 기울고 있다. 이것은 '나-타자'의 관계에서도 그대로 나타난다. 사르트르는 『변증법적 이성비판』에서 인간관계의 이해와 분석을 위해 『존재와 무』에서는 고려되지 않았던 사회적, 역사적 지평을 도입한다. 보다 구체적으로 사르트르는 '희소성rareté'과 '다수의 인간들의 존재'라는 우연적인 사실에서 출발해 인간이 다른 인간들에게 치명적인 박테리아보다 더 무서운 존재가 되어가는 과정을 기술하고자 한다.

사르트르는 그 과정에서 '실천적-타성태le pratico-inerte' 개념을 도입한다. '실천'의 의미를 가진 'praxis'에서 파생한 'pratico'와 '무기력' 등의 의미를 가진 'inertie'의 형용사형인 'inerte'의 결합어인 이 개념의 의미는 이렇다. 어느 한 시점에서 인간의 실천의 결과물이 그보다 나중 시점에서 이루어지는 그의 실천을 방해하는 상태를 가리킨다.[73] 그런데 사르트르는 이 개념을 통해 인간들이 희소성의 조건을

---

[73] '실천적-타성태' 개념은 『변증법적 이성비판』의 핵심 개념 중 하나이다. 사르트르는 이 개념에 대해 명확한 정의를 내리지 않는다. 하지만 그에 따르면 인간이 고안해 낸 모든 것이 이 개념과 연결된다. '언어'를 예로 들어 보자. 한 언어를 익히려면 '문법'을 알아야 한다. 그런데 이 '문법'은 과거에 그 언어를 사용했던 사람들의 언어적 경험이 축적된 것이다. 그런데 우리가 그 언어를 습득할 때, 그 '문법'이 우리의 행동을 제약한다. 이것이 사르트르가 염두에 두고 있는 '실천적-타성태' 개념의 내용이다. 때로는 인간의 과거 실천의 결과물이 그의 현재, 미래의 실천을 방해하는 '반(反)목적성(contre-finalité)'으로 작용하기도 한다. 원자폭탄의 개발이 그 좋은 예이다. 이렇듯 '역사', '언어', '법', '제도', '전

극복하기 위해 단결을 도모하면서도 결국에는 그들 사이의 개인적 관계도 갈등으로 귀착되고, 또 그들에 의해 형성되는 집단들의 관계 역시 '가진 자들-집단'(예컨대 부르주아계급)과 '못 가진 자들-집단'(예컨대 프롤레타리아계급) 사이의 투쟁으로 귀착되고 만다는 사실을 규명하고 있다.[74]

또한 사르트르는 이 두 집단이 '폭력'을 통해 —프랑스 대혁명을 생각하자— '융화집단groupe en fusion', 즉 이 두 집단 구성원들 사이의 갈등, 투쟁, 폭력, 소외가 없다고 여겨지는 이상적인 집단을 형성하고 나서도, 결국 이 집단을 존속시키기 위해서는 또다시 '폭력' —이것이 '서약serment'이다[75]— 에 호소할 수밖에 없다는 주장을 펼치고 있다.

이것이 그 유명한 사르트르의 '집렬체série' —'가진 자들-집단'과 '못 가진 자들-집단'처럼 '폭력'에 노출되어 있는 인간들의 모임— 와 '융화집단'(사르트르에게서 이 집단은 '우리nous'의 세계이다) 사이의 왕복운동이다. 사르트르는 『변증법적 이성비판』에서 '역사Histoire'를 관통하는 도도한 흐름이 바로 그와 같은 운동이라는 것을 밝히고 있으며,

통', '문화' 등이 모두 '실천적-타성태'의 개념이 될 수 있다. 사르트르가 이 개념을 '구조(structure)' 개념과 같은 개념으로 여긴다는 점은 흥미롭다. 그는 '실존주의'와 대척지점에 놓여 있는 '구조주의'에 대한 자신의 견해를 피력하는 기회에 이 개념과 구조 개념과의 유사성에 대해서도 언급한다.

[74] François Noudelmann & Gilles Philippe, *Dictionnaire Sartre*(sous la direction de), Honoré Champion, 2004, pp.390-391 참조.
[75] 서약의 의미에 대해서는 변광배, 「서약이란 무엇인가: 사르트르의 사유를 중심으로」, 『인문학연구』 15(인천대학교 인문학연구소, 2011) 참조.

그것을 역사에 대한 '가지성可知性, Intelligibilité'이라는 개념으로 표현하고 있다. 물론 이 가지성의 기저에는 '폭력'이 도사리고 있다는 것을 잊어서는 안 될 것이다.

어쨌든 사르트르의 공동체 논의와 관련하여 분명한 것은 다음과 같은 두 가지 점이다. 하나는 사르트르의 『존재와 무』의 차원에서 본다면, 인간은 다른 인간과의 관계에서 갈등과 투쟁 또는 상생과 공존 상태에 있을 수 있다는 점이다. 다른 하나는 『변증법적 이성비판』의 차원에서 본다면, 다수의 인간들이 모여 형성한 집단들 역시 갈등의 주체이자 협력의 주체가 될 수 있다는 점이다.

사르트르의 타자 이론과 이를 바탕으로 정립되고 있는 공동체 이론은 이 두 가지 점을 모두 고려할 때 비로소 그 전체적인 윤곽을 드러낸다고 할 수 있을 것이다. 하지만 이 이론에서 개인들과 집단들 사이의 갈등과 투쟁만이 지나치게 부각되고 강조되고 있는 것으로 보인다. 이런 시각에서 사르트르는 '인간은 인간에 대한 늑대'라고 보는 홉스의 견해를 따르고 있다는 견해는 부분적으로만 그 타당성을 갖는다고 하겠다.[76]

---

[76] 에릭 베르네르, 『폭력에서 전체주의로: 카뮈와 사르트르의 정치사상』, pp.153-157.

2

타자, 나의 낙원

타자, 나의 신

제1장에서 카뮈의 부조리 개념을 다루면서 '나-타자'의 관계에서도 이 개념이 도출될 수 있다는 사실을 지적한 바 있다. 그 기회에 카뮈를 따라 조금 떨어진 전화박스에서 전화를 걸고 있는 사람을 보고, 그가 전화를 걸고 있음은 분명하나 그 내용은 알 수 없다는 점을 그 근거로 들었다. 그렇다. 우리 각자는 타자와의 관계에서 그를 잘 안다고 생각하는데, 어느 순간 그가 아주 낯선 모습을 보여 주는 경우가 없지 않다. 그럴 경우 나와 그 사이의 관계가 단절되었다는 느낌을 받게 된다. 그러니까 의사소통이 잘 안 된다는 느낌을 받는 것이다.

이 단계에서 우리는 다음과 같은 질문들을 제기할 수 있다. '나'와 '타자'는 단절을 극복하기 위해 치열하게 재결합을 시도하는가? 그 시도는 성공일까? 아니면 실패일까? 성공과 실패의 조건이 있을까? 있다면, 그것은 무엇일까? 이런 질문들은 한마디로 타자의 존재론적 조건은 무엇인가, 그것은 나에게 어떤 의미가 있는가로 요약될 수 있을 것 같다.

이런 질문들에 대한 대답을 카뮈에게서 찾기란 쉬운 일은 아니다. 왜냐하면 카뮈가 타자에 대한 그 자신의 생각을 일목요연하게 정리해 놓고 있지 않기 때문이다. 그런 만큼 그 대답을 찾기 위해서는 그의 저작들에 산재해 있는 그의 대타관의 조각들을 끌어모아야 한다. 여기서는 그 조각들을 충분히 모았다는 가정하에 다음과 같은 답을 먼저 제시하자. 카뮈에게서 타자는 나와 화해 가능하고, 협력 가능하고, 공존 가능한 존재로 주어진다는 답이 그것이다.

카뮈는 인간관계를 '계약contrat'이나 '연합association'에 의해 조정 가능한 관계, 서로 도움을 줄 수 있는 관계, 좋은 일에는 같이 기뻐하고 슬픈 일에는 같이 슬퍼할 수 있는 '공감sympathie'의 관계로 파악하고 있다. 이런 시각에서 보면 카뮈는 루소의 전통을 잇고 있다고 할 수 있다. 요컨대 카뮈에게서 '인간은 인간에 대해 신Homo homini deus'이라는 명제가 우세하다.

반항하는 '우리'

이제 이와 같은 명제에 도달하기 위해 필요한 카뮈의 대타관의 조각들에 주목해 보자. 카뮈의 타자에 대한 생각은 다음 한 문장에 오롯이 나타나고 있다고 할 수 있다. "타자는 어쩌면 낙원이다les autres, c'est peut-être le paradis."[77] 이 문장은 『반항하는 인간』에서 볼 수 있

[77] Roland Barthes, "《La Peste》, Annales d'une épidémie ou roman de la solitude?", *Club*, février 1955, in *Œuvres complètes*, t. I(Livres, textes, entretiens 1942-1961), Seuil, 2002, p.543.

는 다음 명제, 곧 카뮈의 '코기토cogito'로 여겨지는 명제와도 일맥상통한다. "나는 반항한다. 그러므로 우리는 존재한다Je me révolte, donc nous sommes."[78]

조금 뒤에서 『페스트』를 분석할 때 다시 보게 되겠지만, 반항을 통해 '우리'가 형성되기 위해서는 '우리'의 구성원들 모두가 반항에 참여해야 할 것이다. 다시 말해 그들이 모두 예외 없이 부조리를 각성하는 명석한 의식 상태를 유지하면서 그들 사이의 단절을 극복하기 위해 치열한 노력을 경주해야 할 것이다. 그래야만 '우리'의 형성이 가능할 것이다. 이런 '우리'의 형성은 곧 인간들로 이루어진 사회가 '적지'에서 '왕국'으로 변화한다는 것을 의미한다. 과연 이런 변화가 쉽게 이루어질까?

가령 『이방인』에 나타나는 인간관계에 주목해 보자. 이 작품에서 뫼르소는 타자들과의 관계에서 온탕과 냉탕을 왔다 갔다 한다. 이 작품에서 타자가 화해, 평화, 공존의 주체라는 것을 보여 주는 몇몇 부분이 있다. 예컨대 뫼르소와 그의 이웃인 살라마노Salamano 영감 사이의 관계가 그렇다. 뫼르소는 강아지를 잃어버리고 상심한 이웃집의 살라마노 영감을 진심으로 위로한다. 또한 뫼르소는 아랍인 레몽Raymond을 돕는다. 뫼르소는 자기 정부情婦와의 다툼으로 곤란한 상황에 빠진 레몽을 기꺼이 돕는다. 게다가 뫼르소는 평소 자주 찾던 식당 주인 셀레스트Céleste와도 친하게 지낸다. 그들 사이에

---

[78]   알베르 카뮈, 『반항하는 인간』, p.420.

는 갈등이나 투쟁적 요소가 나타나지 않는다. 그렇다고 해서 그들이 공동으로 뭔가를 도모하는 것도 아니다. 하지만 그들은 뫼르소가 모친상을 당했을 때 따뜻한 위로의 말을 건네면서 동정과 연민의 주체, 공존의 주체로서의 역할에 충실하다.

하지만 『이방인』에서 뫼르소가 항상 화해와 공존의 주체들과 관계를 맺는 것만은 아니다. 후일 아랍인 살인죄로 재판을 받는 과정에서 다른 사람들은 뫼르소를 자신들과 화해 가능하고, 협력 가능하고, 공존 가능한 사람으로 여기지 않는다. 그들의 눈으로 보면 뫼르소는 그야말로 '이방인'이다. 뫼르소가 어머니의 장례식을 위해 방문했던 양로원의 원장, 뫼르소의 재판을 주도했던 검사, 뫼르소의 형 집행을 앞두고 그를 방문한 고해신부 등이 그 좋은 예이다. 그들은 자신들만의 습관과 관행에 입각해 뫼르소를 그들이 사는 사회의 부적격자로 배척하기에 이른다.

게다가 해변가에서 뫼르소와 그가 다툼을 벌인 아랍인들, 그리고 특히 그가 권총으로 쏘아 죽인 아랍인과의 관계는 화해와 공존과는 거리가 멀다. 이들의 관계만을 보면 카뮈에게서 타자가 과연 나의 낙원이고, 나의 신인가 하는 의문이 들 정도이다. 실제로 사이드는 『문화와 제국주의』에서 뫼르소의 살인에 프랑스 제국주의의 흔적이 여전히 남아 있다는 입장을 취하고 있다.[79] 이런 시각은 타자를 나의 지옥으로 보는 사르트르의 입장에 더 가까워 보이기도 한다.

---

[79] 에드워드 사이드, 『문화와 제국주의』, 김성곤·정정호 옮김, 창, 1995, pp.302-329 참조.

『오해』에서도 타자는 나에게 반드시 협력 가능한 주체로만 등장하지 않는다. 어머니와 딸 마르타Martha는 30여 년 만에 집에 돌아온 아들이자 오빠 얀Jan을 돈 때문에 살해해 강물에 던져 버린다. 살인을 공모한 어머니와 딸은 돌아온 사람이 아들이자 오빠라는 사실을 어렴풋이 짐작하지만, 그들 사이의 관계는 전화박스에서 전화를 걸고 있는 사람과 그를 조금 떨어져서 보는 사람과의 관계와 같다. 어머니와 딸은 자신들의 일상생활에 매몰되어, 돌아온 사람의 정체에 대해 심사숙고하지 못한다. '나-타자' 사이의 단절을 극복하려는 제대로 된 노력을 하지 못한 것이다.

『칼리굴라』에서도 황제 칼리굴라와 그의 신하들의 관계 역시 단절의 전형이다. 외관적으로는 황제와 신하들이라는 지배-피지배 관계로 엮여 로마를 다스리는 지배세력, 곧 '우리'를 형성하고 있다. 하지만 그 내부를 들여다보면 그들 각자는 죽음 앞에서 부조리를 같은 강도로 느끼지 못한다. 누이동생 드루실라Drusilla의 죽음으로 인해 죽음의 부조리성을 일찍 깨달은 칼리굴라는 신하들을 마음대로 죽이면서 그들이 죽음의 부조리성을 깨닫기를 바란다. 그들을 죽음으로 몰아넣는 칼리굴라 자신의 횡포에 그들이 반항하기를 바라는 것이다. 그런 의미에서 칼리굴라의 행동은 역설적이다. 죽음을 통해 죽음의 부조리성을 깨닫게 하고, 더욱 치열한 삶을 살아갈 것을 종용하기 때문이다. 어쨌든 한 가지 분명한 것은 카뮈에게서 타자는 나와 적대적 관계를 맺는 경우도 허다하다는 점이다.

그럼에도 카뮈는 궁극적으로는 타자의 긍정적인 모습을 지지한다. 그것도 열렬히 지지한다. 물론 그의 이런 입장은 특히 『반항하는 인간』에서 두드러진다. 또한 이 저서에 바탕을 두고 쓰인 작품들, 즉 반항 계열에 속하는 작품들, 그중에서도 특히 『페스트』에서 뚜렷이 나타난다. 다시 말해 반항하는 '나'에서 '우리'로의 이행이 두드러진다. 이 점에 대해서는 이 작품을 분석하면서 '우리'의 형성과 그 과정을 상세하게 곧 살펴볼 것이다.

'우리'의 선재성

여기서는 카뮈에게서 타자가 나와 화해 가능한 주체, 협력 가능한 주체, 공존이 가능한 주체로 나타나는 것이 크게 다음과 같은 두 가지 이유에서라는 점을 지적하는 것으로 그치고자 한다. 하나는 인간의 삶의 원초적 조건으로서 '나'의 존재에 대한 '우리' 존재의 선재성이다. 다른 하나는 카뮈의 사상이 서구 유럽 문명의 두 원천인 헬레니즘과 헤브라이즘 중에서 주로 헬레니즘의 영향(곧 그리스의 영향) 아래 있다는 것이다. 두 가지 이유를 차례로 살펴보자.

먼저 인간 삶의 원초적 조건으로서의 '나'의 존재에 대한 '우리' 존재의 선재성을 보자. 카뮈는 『반항하는 인간』에서 이렇게 말하고 있다. "만약 우리가 존재하지 않는다면 나는 존재하지 않는다."[80] 이것은 인간 삶의 조건에서 '우리'의 존재가 '나'의 존재보다 우선한다는

---

[80] 알베르 카뮈, 『반항하는 인간』, p.787.

것을 의미한다. 앞서 부조리와 반항 개념을 다루면서, 두 개념 모두 명석한 의식과 자기 삶에의 충실과 자기긍정, 자기실현과 밀접하게 연결되어 있다는 사실을 보았다. 이런 관점에서 보면 반항은 전적으로 개인적 차원에 속한다고 할 수 있다.

하지만 카뮈는 '내'가 반항의 주체가 되는 것은 '우리'의 일원이라는 조건하에서일 뿐이라고 주장한다. 이것이 앞서 인용한 "만약 우리가 존재하지 않는다면 나는 존재하지 않는다"라는 문장의 의미이다. 따라서 반항의 주체로서 '나'는 개인적이며 집단적일 수밖에 없다. 나는 '혼자'이면서 '함께' 존재하는 것이다. 요컨대 나의 삶의 조건은 '고독solitude'과 '연대성solidarité'의 양면성을 띠고 있다고 할 수 있다.

그런데 '우리', 곧 '연대성'은 반항적 주체들에 의해서만 이루어질 수 있다. 부조리를 느끼지 못하는 사람은 반항을 알 수가 없고, 따라서 반항을 할 수도 없다. 그로부터 내가 반항의 주체가 될 때, '나'는 이미 반항하는 '우리'에 속해 있다는 결론이 도출된다. 이 결론은 정확히 "나는 반항한다. 그러므로 우리는 존재한다"라는 카뮈의 공동체 이론의 중핵에 해당하는 문장과 일치한다. 이제 이 문장은 다음과 같이 좀 더 적극적으로 이해되어야 할 필요가 있을 것으로 보인다. 즉 '만약 반항하는 우리가 존재하지 않는다면 반항하는 나는 존재하지 않는다.'[81]

---

[81] 카뮈에게서 '나'보다 선재하는 '우리'가 반드시 반항하는 '우리'일 필요는 없어 보인다. 예

사정이 이렇다면, 카뮈에게서 부조리 각성과 반항의 주체인 '나'는 '나'와 같은 부류에 속하는 반항하는 '타자'와 결코 적이 될 수 없다. 반항하는 '나-타자'는 반항하는 '우리'의 구성원들로서 동등한 권리와 의무를 갖는 '형제'일 수밖에 없다.[82] 그로부터 카뮈가 루소로부터 물려받은 대타관, 곧 '인간은 인간에 대해 신'이라는 결론이 도출되기에 이른다.

헬레니즘의 영향

그다음으로 헬레니즘의 영향[83]에 주목해 보자. 유일신의 전통을

컨대 '나'는 태어나면서 식민 지배를 받고 있는 한 나라에서 태어날 수도 있을 것이다. 이때 '나'는 피식민자들로 구성된 '우리'에 속한다. 그들이 아무리 무기력하고 못났어도 '내'가 껴안아야 할 '나'의 이웃, '형제'인 것은 부인할 수 없다. 하지만 피식민자들이 모두 사유를 잃고 굴종과 아첨으로만 일관하는 상황, 즉 '반항'이 없는 상황에서 과연 '우리'라는 것이 어떤 의미를 가질 수 있을까? 그들이 조국 해방의 필요성을 느낄 때 진정한 의미의 '우리'가 되는 것이 아닐까? 그런 만큼 "나는 반항한다. 그러므로 우리는 존재한다"라는 명제와의 관련 속에서 보면 '나'보다 선재하는 '우리'는 반항하는 '우리'여야 할 것이다.

82 앞서 카뮈는 그 자신이 실존주의자라는 점을 부인했다는 사실을 언급한 바 있다. 그런데 카뮈가 내세우는 '우리'의 선재성에서도 그가 실존주의자가 아니라는 사실을 지적할 수 있을 것으로 보인다. 왜냐하면 '나'에게서 '우리'에 속하는 것, 즉 '형제애'가 '나'의 본질이라는 사실은 사르트르의 실존주의를 관통하는 원리 중 하나인 "실존이 본질에 선행한다"와 모순되기 때문이다. 사르트르에게 '나-타자'는 실존하면서 적이 될 수도 있고 형제가 될 수도 있다. 하지만 카뮈에게서 '나'는 태어나면서 이미 '우리'에 속해 있고, 따라서 '나-타자'는 이미 '형제애'라는 본성을 가지고 태어나는 것으로 여겨질 수 있다.

83 넓은 의미에서는 그리스 문화의 영향이라고 할 수 있다. 카뮈는 특히 플로티누스로부터 빛의 그리스 문화(곧 아폴론적 측면)를, 그리스 문화의 디오니소스적 측면을 강조한 니체로부터 커다란 영향을 받은 것으로 알려져 있다. 이 점에 대해서는 특히 김세리, 『알베르 카뮈의 미학』, 한국학술정보, 2008, pp.106-184 참조.

이어받은 헤브라이즘과는 달리 헬레니즘은 그리스 도시국가의 공동체적 질서가 해체되고 그때까지 낯설고 이질적이었던 동양 문화가 유입되면서 형성된 문화의 흐름을 지칭한다. 실제로 헬레니즘 문화는 알렉산더 대왕의 동방 정복(기원전 323년)에서 프톨레마이오스 왕조가 멸망하고 이집트가 로마에 귀속될 때까지 약 300년에 걸쳐 형성되었다. 흔히 헬레니즘 문화의 특징으로는 인간중심주의, 현세 지향적 세계관, 다신교 등이 거론된다.

알렉산더 대왕의 통일 작업에 따라 그리스 특유의 도시국가 질서가 해체되고, 그로 인해 중심부와 주변부, 그리스인과 이방인, 도시국가와 비도시국가 사이의 구분, 경계, 차이가 희미해졌다. 이런 경향이 반영되어 헬레니즘 문화에서는 '세계'를 하나의 '전체Oikumene'로 보고, 인간을 거기에 속한 '세계시민Kosmopolites'으로 여기게 되었다. 또한 학문에서도 형이상학적인 진리의 추구보다는 실천윤리를 중요시하는 경향으로 흘렀다. '어떻게 살아야 행복한 삶을 영위할 수 있는가'의 문제가 중요한 화두로 떠올랐다. 그 당시에 에피쿠로스학파와 스토아학파가 주로 활동했다.

카뮈는 20세기 초엽에 발생한 1차 세계대전을 겪고, 성인이 되어서 2차 세계대전을 겪으면서 이와 같은 헬레니즘 문화로부터 새로운 가치관과 세계관, 그리고 특히 인간관을 모색하려 했던 것으로 보인다. 그 과정에서 카뮈는 20세기 중엽에 오로지 인간의 합리성과 효율성만을 내세우는 경향으로부터의 탈피를 시도한다. 그런 시도에는 지나친 인간중심주의적 사고방식과 지나친 이기주의에 대한 경계가 포함되어 있다. 물론 일신교 중심의 헤브라이즘과는 거리를 두고 있었기 때문에 카뮈의 사유가 무신론적 입장으로 기우는 것은 자연스러워 보인다.

어쨌든 일신교 대신에 다신교, '일자—者, l'Un'보다는 차이와 다양성을 특징으로 하는 '타자들les Autres'이 중시되는 그런 세계관이 카뮈가 나아가는 방향이었다고 할 수 있다. 그런데 그런 방향에서는 인간의 독주가 아닌 인간이 다른 존재들, 가령 타자들과 특히 자연을 이루는 여러 요소들과의 합일과 화해가 더 우세하다. 요컨대 카뮈가 인간관계에서 타자의 존재를 낙원의 구성 요소, 곧 나와 화해 가능하고 공존 가능한 요소로 여기는 바탕에는 이와 같은 헬레니즘 문화의 영향이 놓여 있는 것으로 보인다. 물론 그런 영향에는 카뮈가 자연, 보다 구체적으로 대지에의 충실함, 대지와의 합일과 화해, 거기에 뿌리내리기를 추구하는 것도 당연히 포함되는 것으로 보인다. 게다가 카뮈는 『반항하는 인간』에서 본격적으로 전개되는 '한계'와 '절도'를 바탕으로 한 '정오 사상' 역시 헬레니즘 문화의 영향이라고 보고 있다.

그런데 이처럼 헬레니즘 문화의 영향 속에서 '나' 아닌 다른 사람들, 항상 인간의 정복 대상이었던 자연과 같은 '타자적 요소들'을 중요시하는 카뮈의 태도는 정확히 20세기 후반에 대유행했던 이른바 포스트모던 담론의 그것이 아닌가! 우리는 그 점에서 카뮈 사상의 현대성을 확인해 볼 수 있다. 어쨌든 카뮈의 '나-타자'에 대한 사유에서 한 가지 분명한 것은, '우리'의 존재가 '나'의 존재, 보다 상세하

게는 반항하는 '우리'의 존재가 반항하는 '나'의 존재의 선재적 조건
에 해당한다는 사실이다.

> 모순적이게도 '우리는 존재한다'라는 주장은 새로운 개인주의를
> 정의하게 한다. (…) 나는 나와 각자를 필요로 하는 타인들을 필요
> 로 한다. 각각의 집단적 행위, 각각의 사회는 규율을 가정한다. 이
> 규율이 없다면 개인은 적대적인 집단의 무게에 눌려 복종만 하는
> 이방인일 뿐이다. 그러나 사회와 규율은, 만약 그것들이 '우리는
> 존재한다'를 부정한다면, 나아갈 방향을 잃게 된다. 어떤 의미에서
> 나는 나 자신에게 있어서나 타인에게 있어서나 짓밟히는 것을 가
> 만히 보고 있을 수는 없는 인간의 공통의 존엄성을 오직 나 혼자만
> 의 힘으로 짊어지고 있다. 이 개인주의는 쾌락이 아니다. 그것은
> 자랑스러운 연민의 정상에서 언제나 투쟁하는 것이며, 또 때로는
> 비할 데 없는 환희이기도 하다.[84]

---

84 알베르 카뮈, 『반항하는 인간』, pp.808-809.

3

사르트르의 『무덤 없는 주검』
: '우리'의 형성과 폭력

이제 사르트르와 카뮈의 몇몇 문학작품에서 그들 각자의 대타관과 특히 공동체에 대한 사유가 어떻게 나타나고 있는가를 보자. 이를 위해 사르트르에게서는 극작품 『무덤 없는 주검』을, 카뮈에게서는 장편소설 『페스트』를 살펴볼 것이다. 장르의 차이로 인해 두 작품을 직접 비교하는 것은 쉽지 않다. 하지만 사르트르와 카뮈에게서 공동체의 형성, 곧 '우리'의 형성이 문제가 될 때, 이 두 작품처럼 극명하게 대립되는 내용을 보여 주는 작품은 없을 것이다. 사르트르는 공동체 형성에서 폭력으로 기우는 반면, 카뮈의 집단적 반항은 연대적 단합으로 기운다는 면에서 서로 구별되는 것으로 보인다. 또한 이런 구별은 그대로 두 사람이 결국 갈라져 적이 될 수밖에 없었던 이유의 일부에 해당하기도 한다.

『무덤 없는 주검』

먼저 사르트르의 『무덤 없는 주검』을 보자. 이 작품은 그의 세 번째 극작품으로,[85] 1946년에 처음으로 공연되었다. 사르트르가 이 작품을 쓴 의도는 2차 세계대전의 종전 이후 점차 프랑스인들의 뇌리에서 잊혀져 가던 이 전쟁의 만행, 그중에서도 친독의용대원들 Miliciens[86]의 비열한 행동(가령, 고문)과 마키대원들Maquisards[87]의 고귀한 희생을 상기시키는 데 있었다. 실제로 이 작품의 첫 공연 때 무대 위에서 펼쳐지는 고문 장면에 충격을 받아 기절하는 관객들도 있었다고 한다.

『무덤 없는 주검』의 시작 장면에는 5명의 마키대원들이 친독의용대원들의 포로가 되어 한 건물의 광에 갇혀 있다. 5명의 이름은 뤼시Lucie, 카노리Canoris, 앙리Henri, 소르비에Sorbier, 프랑수아François이다. 뤼시는 가장 어린 프랑수아의 누나이다. 극의 진행 중에 소르비에는 자살하고, 프랑수아는 다른 마키대원들에 의해 교살당한다. 여기서는 특히 사르트르의 공동체 이론과 관련하여 소르비에의 자살과 프랑수아의 교살에 주목할 것이다.

융화집단의 특징

이를 위해 먼저 5명의 마키대원들은 포로가 되기 전에는 이른바

---

[85] 사르트르가 포로수용소에서 쓰고 공연한 『바리오나 또는 천둥의 아들(*Bariona, ou le Fils du tonnerre*)』로부터 따지면 『무덤 없는 주검』은 그의 네 번째 극작품이 된다.

[86] 2차 세계대전 중에 프랑스의 비시(Vichy) 괴뢰정부에 의해 조직된 독일을 돕기 위한 친독의용대원들을 가리킨다. 여기서는 '친독의용대원들'로 표기한다.

[87] 이후 '마키대원(들)'으로 표기한다. 불어 단어 'maquis'는 '잡목 숲, 관목지대' 등의 의미를 가지고 있다. 비밀항독운동대원들을 지칭하는 'maquisards'는 이 단어에서 유래했다. 그 의미는 그들이 잡목 숲지대 등을 은닉처로 이용하면서 비밀항독운동을 했다는 것이다.

'융화집단' 상태에 있었다는 점을 지적하자. 사르트르는 이 집단에 대해 『변증법적 이성비판』에서 비중 있게 다루고 있다. '우리'로 상징되는 이 집단은 다음 세 가지 특징을 가진 것으로 이해된다. 이 집단 구성원들의 관계가 '완벽한 상호성réciprocité parfaite'을 구현한다는 점, 그들이 '편재성ubiquité'을 가진다는 점, 이 집단은 '실천praxis' 중에만 그 존재권리를 갖는다는 특징이 그것이다.

사르트르에 의하면 융화집단에서는 '나'와 '너'의 구별이 없는 것으로 이해된다. 곧 '나'는 '너'고, '너'는 '나'다. 그런 만큼 '나-너'의 관계는 완벽한 상호성의 성격을 띠게 되고, 따라서 '나-너'는 이 집단의 구성원의 자격으로 '동지frère' 또는 '형제'가 된다. 그렇기 때문에 '나-너'는 '우리' 속으로 용해되어 '하나'가 된다. 또한 같은 이유로 이 집단 안에서는 '내'가 '지금, 여기에' 있는 것은 '너'가 '지금, 저기에' 있는 것과 같다. 그러므로 '나'는 '여기'에 있으면서 동시에 '모든 곳partout'에 있게 된다. 이렇듯 이 집단 구성원들은 이 집단 안에서는 편재성을 갖게 된다.

또한 이 융화집단은 '실천' 중에 있을 때만 존재할 뿐이다. 그들이 공동의 목표objectif commun를 가지고 공동의 실천praxis commune을 할 때만 이 집단은 존재권리를 갖는다. 예컨대 프랑스 대혁명 당시에 파리 시민들은 바스티유 감옥을 공격하는 순간에 일치단결하여 '우리'가 되었다가, 공격이 끝나면 와해되었다. 따라서 융화집단의 존재는 일시적이고, 항상 그 존속의 문제가 중요한 문제로 떠오르게 된다. 문제는 사르트르에게서 융화집단, 곧 '우리'의 형성과 그 유지가 종종 '폭력'에 의지한다는 점이다.

『무덤 없는 주검』에서 마키대원들은 친독의용대원들의 포로가 되기 전에 '우리', 곧 '융화집단'을 형성하고 있었을 것이다. 대장인 장Jean을 중심으로 그들은 어려운 여건 속에서도 조국 프랑스의 해방을 위해 목숨을 건 투쟁을 하고 있었을 것이다. 하지만 지금, 5명의 마키대원들은 임무를 수행하다가 실패해 포로로 붙잡혀 있다. 그들앞에 어떤 상황이 펼쳐질지 전혀 예상할 수 없는 상황이다. 하지만 『무덤 없는 주검』의 막이 오르면 이 5명의 마키대원들은 포로가 되기 전의 상태와는 달리 완벽한 융화집단이 아니라 '집렬체'의 상태를 유지하고 있는 것으로 보인다.

집렬체로서의 마키대원들의 조직

그 증거는 이렇다. 5명은 각자 독자적으로 친독의용대원들의 행동을 예측하면서 다가올 운명을 맞이할 준비를 하고 있다. 5명은 포로가 되기 이전과는 달리 그들을 공동의 실천으로 이끌 공동의 목표를 가지고 있지 못하다. 사르트르에 의하면 그들의 이런 상태는 이른바 '집렬체'에 해당한다. 이 집렬체의 특징은 그 구성원들 사이의 관계가 '이타성'에 의해 지배된다는 데 있다. 또한 이들의 관계는 항상 '적'의 관계, 곧 갈등과 투쟁의 관계로 발전할 수 있기도 하다.[88]

---

[88] 사르트르는 『변증법적 이성비판』에서 '집렬체'의 한 예로 버스 정류장에서 버스를 기다

실제로 『무덤 없는 주검』의 도입부에서 5명의 마키대원들은 이런 집렬체의 상태 —물론 그들 사이에서 직접적인 갈등이 표출되는 것은 아니다. 하지만 다가올 운명에 대한 의견 통일을 이루지 못하고 있음은 분명하다— 에 놓여 있다고 할 수 있다. 사르트르는 그들의 상태를 다음과 같은 '무대지시문'을 통해 잘 보여 주고 있다. 이 무대지시문은 혼란, 무질서를 상징적으로 보여 준다. 이와 같은 상태는 비밀저항운동을 하면서 융화집단 상태에 있는 마키대원들이 보여 주는 단합, 질서, 규율과 명령에 대한 일사분란한 복종 등과는 확연히 다르다.

> 천창天窓이 있는 광. 트렁크, 낡은 난로, 양장점의 인체 모형 등이 지저분하게 널려 있다. 카노리와 소르비에, 한 사람은 트렁크 위에, 또 한 사람은 낡은 의자 위에, 뤼시는 난로 위에 앉아 있다. 세 사람 모두 수갑을 차고 있다. 앙리는 땅바닥에 누워서 자고 있다.[89]

친독의용대원들은 이런 상태에 있는 마키대원들을 차례로 데려가 고문하기 시작한다. 제일 먼저 소르비에가 고문을 받고 광으로

리는 승객들의 예를 들고 있다. 물론 이 경우에 이 승객들 사이의 관계가 갈등, 투쟁으로 귀착되는 경우는 드물다. 하지만 전쟁 중에 피난 열차를 타려고 하는 피난민들이나 선상 난민(boat people) 사이에서는 갈등, 투쟁이 불가피하다.
[89] 장 폴 사르트르, 『무덤 없는 주검』, 최성민 옮김, 서문당, 1997, p.12.

돌아온다. 어쨌든 그는 첫 번째 고문을 이겨 냈다. 또한 소르비에는 한 가지 중요한 사실을 다른 4명의 동지들에게 알린다. 친독의용대원들이 대장인 장의 위치를 알고자 한다는 것이다. 이것은 5명의 마키대원들에게 공동의 목표를 갖고 또 공동의 실천을 할 수 있는 계기, 곧 다시 융화집단이 될 수 있는 작은 계기가 주어졌다는 것을 의미한다.

그런데 소르비에가 고문을 받고 있는 중에 대장인 장이 불심검문에 걸려 신분이 탄로 나지 않은 채로 붙잡혀 5명이 갇혀 있는 광으로 오게 되는 예기치 않은 상황이 벌어져 극적 긴장감이 고조된다. 물론 장은 수갑을 차지 않은 상태라는 점이 주목할 만하다.

고문

소르비에에 이어서 카노리, 앙리가 차례로 끌려가 고문을 당한다. 그들 모두 친독의용대원들의 고문을 잘 견뎌 낸다. 카노리는 과거 다른 기회에 고문당했던 경험에 의지해 견뎌 낸다. 앙리 역시 그들의 고문에 못 이겨 소리를 치지만, 그래도 장의 위치를 발설하지 않고 끝까지 견뎌 낸다. 이제 뤼시와 그의 동생 프랑수아만 남은 상황이다. 하지만 친독의용대원들은 남매를 고문하는 대신 먼저 소르비에를 다시 고문하기로 결정한다. 그들은 실제로 그가 첫 번째 고문에서 겁을 먹을 대로 먹어 조금만 더 강하게 밀어붙이면 그들이 원하는 비밀 정보를 얻을 수 있을 것이라고 판단하고 있었다.

소르비에는 두 번째 고문에서 손톱을 집게로 뽑히는 혹독한 고문을 당한다. 소르비에는 스스로 두 번째 고문을 이겨 내지 못할 것이라는 사실을 알고 있다. 첫 번째 고문도 겨우 견뎌 냈기 때문이다. 만약 그가 친독의용대원들의 고문을 이겨 내지 못해 장의 위치를 발설했다고 가정해 보자. 그러면 어떤 사태가 발생할까? 이 질문은 중요하다. 왜냐하면 소르비에는 고문을 받는 도중에 창문으로 뛰어내려 자살을 하고 마는데, 그가 자살하는 이유가 이 질문과 밀접하게 연결된 것으로 보이기 때문이다.

소르비에의 진퇴양난

소르비에가 친독의용대원들의 고문을 못 이겨 장의 위치를 발설한다면, 그는 두 가지 측면에서 타격을 입을 것이다. 개인적인 측면과 집단적인 측면에서의 타격이다. 여기서는 개인적인 타격보다는 집단적인 타격이 더 중요하다. 개인적인 타격에 대해서는 간단하게 살펴보고, 집단적인 측면에서의 타격을 집중적으로 살펴볼 것이다.

소르비에가 고문에 굴복한다면, 개인적으로 그는 살아가는 이유를 통째로 상실하게 될 것이다. 사르트르에 의하면 고문은 고문자와 피고문자 사이의 자유와 주체성을 내건 투쟁으로 이해된다. 『존재와 무』에서 고문은 '나'와 '타자' 사이의 '구체적 관계들relations concrètes' 중의 하나인 '사디즘'의 실현 수단으로 규정된다. 고문의 목표는 궁극적으로 타자의 자유와 주체성을 박탈하여 그를 객체로 사로잡는 데 있다. 그런 만큼 소르비에가 친독의용대원들의 고문에 굴복한다면, 그것은 그가 그들에 의해 자유와 주체성을 잃고 객체화된다는 것을 의미한다. 그런데 앞서 지적한 것처럼, 사르트르에게서 인간이 객체화되는 것은 곧 '살아도 사는 것이 아닌 것'과 동의어이다.

이어서 집단적인 측면에서의 타격을 보자. 친독의용대원들의 목표가 마키대원들의 대장의 위치에 대한 정보라는 사실을 기억하자. 그렇기 때문에 소르비에가 이 정보를 발설한다면, 지금 밖에서 한창 대독저항운동을 하고 있는 다른 마키대원들이 위험한 상황에 빠질 수 있을 것이다. 이것은 소르비에가 전체 마키대원들의 '배신자'가 될 수 있다는 것을 의미한다. 왜냐하면 전체 마키대원들은 넓은 의미에서 '융화집단'을 이루고 있기 때문이다.

또한 소르비에가 고문을 못 이겨 장의 위치를 발설한다면, 그것은 좁게는 지금 광에 붙잡혀 있는 다른 4명의 마키대원들을 배신하는 행위가 될 수도 있다. 앞서 지적한 대로 카노리, 앙리 등은 이미 혹독한 고문을 이겨 냈다. 뤼시와 프랑수아는 불안과 초조 속에서 자신들의 차례를 기다리고 있다. 하지만 그들은 친독의용대원들의 고문을 이겨 내야겠다는 다짐을 하고 있다. 이처럼 5명의 마키대원들은 특히 장이 불심검문에 걸려 광에 온 이후로 공동의 목표를 가지고 공동의 실천을 할 수 있는 소규모의 '융화집단'을 이루고 있는 것이다. 그렇기 때문에 소르비에의 굴복은 이 융화집단을 깨뜨리는 결과를 낳을 공산이 크다.

서약

　앞서 융화집단의 특징을 지적하면서 이 집단은 실천 중에서만 그 존재권리를 가질 뿐이기 때문에, 항상 그 존속의 문제가 제기된다는 점을 언급한 바 있다. 여기에 그 유명한 '서약serment' 개념이 자리한다. 사르트르에 의하면 융화집단은 존속을 위해 그 구성원 각자에게 이 집단을 배신하지 않을 것을 집단의 이름으로 다른 구성원들 앞에서 맹세할 것을 요구한다. 이것이 바로 서약이다.

　그런데 서약은 단순한 언어적 다짐 이상이다. "맹세하자Jurons"라는 말에는 서약 위반자의 목숨이 달려 있다. 서약자의 자격으로 '내'가 집단을 배신했을 때, 다른 서약자들이 '나'를 이 집단의 이름으로 처단해도 좋다는 것을 용인하는 것이다. 또한 서약은 '상호적réciproque'이다. '나'에게 적용되는 모든 것은 '다른 구성원들'에게도 적용된다. 그러니까 '나' 역시 다른 서약 위반자들을 집단의 이름으로 처단할 권리를 갖게 되는 것이다. 사르트르에 의하면 이 순간에 '융화집단'은 '서약집단groupe assermenté'이 된다.

　하지만 서약집단의 탄생에서 가장 중요한 것은, 이 서약이 다름 아닌 또 하나의 '폭력'이라는 사실이다. 사르트르는 이 폭력을 '동지애-공포fraternité-terreur'로 규정한다. 배신자를 처단하는 '작은 폭력petite violence', 곧 '공포'로 융화집단 구성원들 전체의 동지애를 지키는 것이다. 달리 말해 이 융화집단이 집렬체로 와해되는 것을 미연에 막아 주는, 곧 '큰 폭력'을 미연에 막아 주는 기능을 하는 것이다.

지라르가 제시하는 '희생양bouc émissaire', 아감벤이 제시하는 '호모 사케르homo sacer' 등이 이와 같은 '작은 폭력', '서약' 개념과 밀접하게 연결되어 있다. 어쨌든 사르트르에게서 '우리'로 상징되는 공동체, 융화집단의 형성과 존속은 반드시 폭력을 필요로 한다는 점은 분명하다.

소르비에의 자살

소르비에의 자살은 정확히 이와 같은 '서약', 즉 '동지애-공포'에 해당하는 것으로 보인다. 그는 친독의용대원들의 고문에 그 자신이 굴복할 경우, 5명으로 구성된 융화집단이 존속되지 못할 것이라는 점을 알고 있다. 하지만 그 결과는 비참할 것이다. 그들의 조국을 구하고자 하는 고귀한 대의명분은 공중분해되고 말 것이다. 그렇게 되면 그들의 소중한 조국 프랑스는 독일의 점령하에서 계속 신음하게 될 것이다.

그와 반대로 소르비에가 고문을 이겨 내서 비밀 정보를 발설하지 않는다면, 지금 밖에서 목숨을 걸고 싸우고 있는 마키대원들의 안전을 보장할 수 있을 것이다. 또한 지금 광에 갇혀 있는 다른 4명의 마키대원들의 자존심과 고귀한 행동도 지킬 수 있을 것이다. 그렇게 되면 당연히 목숨을 건 위험한 투쟁을 계속할 수 있을 것이다. 그런데 소르비에는 친독의용대원들의 혹독한 고문을 견뎌 낼 자신이 없다. 바로 거기에 소르비에가 자살을 선택한 이유가 자리한다.

소르비에는 자살을 함으로써 마키대원들의 대장인 장의 위치를 발설하지 않고자 한 것이다. 그는 자신의 목숨을 스스로 버림으로써 광에 있는 4명의 마키대원들과의 동지애 관계를 유지하고자 한 것이다. 그렇게 함으로써 그는 그들이 목숨을 걸고 싸우면서 형성한 융화집단을 끝까지 지키고자 한 것이다. 요컨대 그는 자살로써 서약을 했다고 할 수 있다. 그 내용은 이렇다. '나는 장의 위치를 발설하지 않을 것이다.' 그런데 방금 지적한 것처럼, 사르트르에게서 서약은 상호적이다. 따라서 소르비에는 자살로써 서약하면서 다른 4명의 마키대원들에게 그들 역시 장의 위치에 대한 정보를 발설하지 말 것을 요구한 것이다.

실제로 소르비에는 친독의용대원들이 고문을 하다가 방심한 틈을 타 창문으로 몸을 날려 자살하기 전에, 그가 장의 위치를 발설하지 않고 '이겼다'고 신인한다. 또한 이 메시지를 광에 있는 4명의 동지들에게 전달하고자 한다.

소르비에 당신들은 무엇을 알고자 하나요? 대장이 어디에 있느냐고요? 난 알아요. 다른 사람들은 몰라요. 나만 알아요. 난 그의 참모였어요. 대장은… (갑자기 그들 뒤의 한 곳을 가리키며.) 저기야! (모두 뒤를 돌아본다. 그는 창문가로 가서 창문턱에 뛰어오른다.) 내가 이겼다! 다가오지 마. 오면 뛰어내릴 거야. 내가 이겼다! 내가 이겼어![90]

소르비에 　(큰 소리를 지르면서.) 이봐, 거기 위[91]에 있는 앙리,

　　　　 카노리, 난 말하지 않았어![92]

　소르비에의 이 짧은 메시지에 모든 것이 담겨 있다. 소르비에 자신은 5명의 마키대원들로 형성된 융화집단을 죽음으로 지켰으니, 살아남은 다른 4명도 자기의 뒤를 이어 이 집단을 끝까지 존속시키겠다는 서약을 해 줄 것을 요구한 것이다. 요컨대 소르비에의 죽음은 자살이지만, 궁극적으로 이 자살은 일종의 '강요된 자살', 즉 '타살적 자살'이라고 할 수 있을 것이다.

프랑수아: 아킬레스건

　『무덤 없는 주검』에서는 마키대원들에 의해 형성된 융화집단 내에서 그것의 존속을 위해 소르비에가 스스로 목숨을 버렸다. 그렇다면 다른 4명의 마키대원들은 이 집단의 이름으로, 또 그의 이름으

---

[90]　장 폴 사르트르, 『무덤 없는 주검』, p.75.
[91]　『무덤 없는 주검』에서 공간은 아주 상징적이다. 마키대원들과 친독의용대원들은 각기 같은 건물의 '위(Haut)'와 '아래(Bas)'에 있다. '위'는 조국을 위해 투쟁하는 프랑스인들의 자긍심을 보여 주고, '아래'는 적국을 돕는 친독의용대원들의 비굴함을 보여 준다. 또한 이 건물 '안(Dedans)'과 '밖(Dehors)'의 대립도 상징적이다. '안'의 공간은 '죽음'을, '밖'의 공간은 '삶'을 상징하는 것으로 보인다. 예컨대 소르비에가 창문을 이용해 '밖'으로 몸을 던져 자살한 것은, 육체적으로는 죽어서 '밖'으로 나간 것으로 해석할 수 있으나, 정신적으로는 '밖'에서 그가 자유를 얻은 것으로 해석할 수 있다.
[92]　같은 곳.

로 서약을 했을까? 앞서 지적한 것처럼 친독의용대원들은 뤼시와 프랑수아를 고문하기 전에 카노리와 앙리를 고문했다. 그들은 극심한 고통 속에서도 장의 위치를 발설하지 않았기 때문에 서약을 했다고 할 수 있다. 그리고 소르비에는 두 번째 고문 중에 자살함으로써 서약했다고 할 수 있다. 그렇다면 뤼시와 프랑수아는? 친독의용대원들은 소르비에의 자살 이후에 뤼시를 끌고 가 고문한다. 강간이 더해진 참혹한 고문이었다. 뤼시도 서약을 한 것이다.

> 뤼시   (…) 이놈들이 내 옷을 찢었어요. (글로쉐를 가리키며.) 이놈은 내 다리 위로 올라탔어요. (랑드리유를 가리키며.) 이놈은 내 팔을 붙잡았어요. (펠르랭을 가리키며.) 그리고 이놈은 강제로 나를 껴안았어요. 나는 이제 사실을 말할 수 있어요. 나는 그것을 외칠 수 있어요. 이놈들이 내 몸을 더럽혔어요. (…) [93]

문제는 프랑수아이다. 그는 포로가 된 5명 중 나이가 제일 어리다. 그런 만큼 겁이 많다. 그는 카노리, 앙리, 뤼시에게 자기가 고문을 당하면 이겨 내지 못할 것 같다고 고백한다. 모두 그를 설득하려고 한다. 만약 프랑수아가 고문에 못 이겨 장의 위치를 발설한다면, 앞서 소르비에게 적용시켰던 가상의 결과처럼 개인적 차원과 집단

---

[93]   같은 책, p.123.

적 차원에서 타격을 받게 될 것이라고 말이다. 이번에는 거기에 프랑수아가 고문을 견뎌 내야만 하는 이유가 하나 더 첨가된다. 왜냐하면 그의 누이인 뤼시가 친독의용대원들에게서 강간을 당했기 때문이다. 뤼시와 프랑수아 사이의 대화를 들어 보자.

> 뤼시   나를 쳐다 봐! (뤼시는 동생의 얼굴을 치켜든다.) 무서
> 워하는군! 말 안 할 거지? 대답해!
>
> 프랑수아   난 이젠 모르겠어요. 조금 전까지만 해도 용기가 좀
> 있었어요. 누나를 다시 보지 않은 편이 좋았겠어요.
> 그런데 누나는 이곳에 있어요. 머리카락이 흐트러
> 지고, 속옷이 찢어지고, 난 알고 있어요. 그놈들이
> 누나를 껴안았다는 것을.[94]

뤼시는 계속 대화를 이어 간다. 그녀에 따르면 그때까지, 즉 프랑수아가 친독의용대원들의 고문을 받지 않은 때까지, 그녀는 그들로부터 강간당한 것을 견뎌 낼 수 있었다. 즉 정신적으로는 아무 일도 일어나지 않은 것처럼 생각하고 있다고 말이다. 하지만 만약 프랑수아가 고문에 못 이겨 그들에게 굴복한다면, 그때 그녀는 정말로 자기가 그들에게 육체적, 정신적으로 강간당한 것이 된다는 사실을 동생에게 주지시키고자 한다. 그러면서 그가 고문을 이겨 내고 비

---

[94] 같은 책, p.89.

밀을 끝까지 지켜 낼 것을 강하게 요구한다.

뤼시   (격렬하게.) 그놈들은 나를 만지지 않았어. 아무도
나를 껴안은 사람이 없어. 나는 돌같이 굳어져 그놈
들의 손을 느낄 수 없었어. 그놈들을 똑바로 쳐다보
며 난 생각했어. 아무 일도 일어나지 않는다고 생각
했어. (힘 있게.) 아무 일도 없었어. 마지막엔 그들이
나를 무서워했어. 프랑수아, 만약에 네가 실토하면,
난 정말로 부끄러움을 당한 것이 돼. 그놈들은 말
할 거야. '겨우 놈들을 실토시켰다'고 말야. 그들은
그때의 일을 회상하면서 이렇게 말할 거야. '꼬마를
잘 구슬렸다'고 말이야. 그러니 그놈들에게 부끄러
움을 줘야 돼. 만일 한 번 더 그놈들을 볼 희망이 없
으면 차라리 천장마루에 목을 매어 죽을 거야. 실토
하지 않을 거지?

(프랑수아는 대답 없이 어깨를 으쓱한다.)[95]

프랑수아의 교살

프랑수아가 뤼시의 물음에 자신 있게 대답하지 못하고 어깨를 으

---

[95]   같은 책, pp.89-90.

쓱한 것은 대단히 안 좋은 징조이다. 앙리, 카노리, 뤼시 모두 프랑수아에 대해 확신이 서지 않는다. 앙리와 카노리의 반응과 행동이 거칠어지자 그들에게 위협을 느끼면서 프랑수아는 비밀을 실토하지 않겠다고 다짐한다. 하지만 너무 늦었다. 앙리와 프랑수아의 대화를 들어 보자.

프랑수아   (뒤로 물러앉으며.) 무슨 뜻이에요? 나를 어떻게 하겠다는 거예요?

앙리   말해선 안 돼, 프랑수아. 그놈들은 네가 말을 해도 너를 죽여. 알았어? 그러니 넌 굴욕 속에서 죽어 가는 거야.

프랑수아   (무서워하면서.) 그럼 난 말 안 하겠어요. 말 안 한다니까요. 나를 가만히 내버려두세요.

앙리   우리는 너를 이젠 신용할 수 없어. 그놈들은 네가 우리의 약점이라는 것을 알고 있어. 그러니 네가 실토할 때까지 너를 족칠 거야. 네가 말하지 못하도록 하는 것이 우리의 최후의 노력이야.[96]

불행하게도 프랑수아에 대해 이렇게 판단하는 것은 앙리 혼자만이 아니다. 카노리와 뤼시도 앙리와 같은 의견이다. 이제 프랑수아

---

[96]   같은 책, pp.93-94.

의 운명은 이들 세 명의 손에 달려 있다. 앙리가 끝내 프랑수아를 목 졸라 죽이고 만다.

> 프랑수아 (앙리의 얼굴을 쳐다보고 나서 고함을 지르기 시작한다.)
> 누나! 날 살려 줘요! 난 이곳에서 오늘 밤에 죽고 싶
> 지 않아요. 앙리, 난 열다섯 살이에요. 살고 싶어요.
> 나를 어둠 속에서 죽이지 말아 주세요. (앙리는 프랑
> 수아의 목을 조른다.) 누나! (뤼시는 고개를 돌린다.) 난
> 당신들 모두를 증오해요.[97]

이렇게 해서 프랑수아는 비극적인 죽음을 맞이하게 된다. 그렇다면 그의 죽음의 의미는 무엇일까? 앞서 광에 포로로 잡혀 있는 5명의 마키대원들은 융화집단을 이루고 있다고 했다. 또한 친독의용대원들의 고문 시작과 더불어 이 집단은 일종의 서약집단으로 변모했다고 했다. 카노리와 앙리는 고문을 이겨 낸 것으로, 특히 소르비에는 자살로써 서약을 했다고 했다. 그리고 소르비에의 자살 이후에 뤼시 역시 강간을 당하면서까지 고문을 받았지만 견뎌 냈다. 뤼시의 이런 행위 역시 서약에 해당했다.

하지만 프랑수아는 고문을 받지 않았기 때문에 다른 4명에 의해 형성된 서약집단의 경계선에 위치하고 있다고 할 수 있다. 이 집단

---

[97] 같은 책, p.95.

에는 고문을 받고 비밀정보를 발설하지 않는 4명만이 소속되어 있다. 이와 관련하여 불심검문에 걸려 광에 있게 된 장의 위치는 많은 것을 시사해 준다. 장은 마키대원들의 대장이기 때문에 그 누구 못지않게 용감하다고 할 수 있을 것이다. 하지만 그는 단지 임무 수행 중에 포로가 되지 않고 불심검문에 걸려 수갑을 차지 않은 채 광에 갇혀 있다는 점에서 그 역시 5명에 의해 형성된 융화집단 안에 소속되지 못한 상태에 있다.

장은 프랑수아를 제외한 4명의 동지들이 겪은 고문의 아픔을 느껴 보기 위해 스스로 나무를 들어 자기 손을 내리찍기도 한다. 하지만 친독의용대원들의 고문으로 인한 고통과 장이 손수 자기 손을 내리찍어 느끼는 고통은 질적으로 다르다. 그들 4명의 눈에는 광에서 빠져나갈 가능성이 있는 장은 이른바 '삶-외부'를 상징한다면, 자신들은 '죽음-내부'를 상징하는 것이다. 이처럼 장은 그들 4명과 비교해 보면 소외된 인간인 것이다.

(주위를 둘러보고 그는 무거운 나무토막을 찾아서 손에 든다. 뤼시는 크게 웃는다.)

뤼시   뭘 해요?

장   (바닥에 왼손을 펴고서 오른손에 쥔 나무토막으로 내려친다.) 난 이제 더 이상 너희들 말을 듣고 싶지 않아. 너희들의 고통이 마치 무슨 자랑거리나 되는 것처럼 으스대는 소리를 말이야. (…)

뤼시	(웃으면서.) 안 돼요, 안 돼. 뼈를 부수든, 눈을 빼든, 당신 마음대로 할 수 있어요. 하지만 당신의 고통을 결정하는 것은 바로 당신이에요. 우리들의 고통 하나하나는 굴욕이에요. 왜냐하면 바로 다른 사람들이 그 고통을 우리에게 주었기 때문이죠. 그러니 당신은 우리를 따라올 수가 없어요.

(사이. 장은 나무토막을 내던지고, 뤼시를 바라본다. 그리고 일어선다.)

장	당신 말이 맞아. 난 당신들과 합류할 수 없어. 당신들은 함께 있고, 난 혼자야. 난 이젠 움직이지도, 말하지도 않겠어. 난 어둠 속에 몸을 감추겠어. 그러면 너희들은 내가 있다는 것도 곧 잊어버리겠지. 아마 이것이 이 사건에서 내가 차지할 수 있는 몫 같아. 너희들이 너희들의 몫을 받아들인 것처럼 나도 내 몫을 받아들여야겠지. (…)[98]

실제로 장은 수갑을 차지 않아 자유롭게 손을 움직일 수 있어 앙리가 프랑수아의 목을 조르려 할 때 그를 막을 수도 있었을 것이다. 하지만 그때마다 카노리, 앙리, 뤼시가 내놓는 논리는 바로 '우리'의 논리이다. 여기서 장과 뤼시는 서로 사랑하는 사이였다는 사실을 지적하자. 장은 끝까지 뤼시와 사랑하는 사람으로서의 '우리'를 제

---

[98] 같은 책, pp.105-106.

시한다. 하지만 뤼시는 그런 '우리'는 옛날의 추억이고, 지금 이곳에서는 고문을 당한 카노리, 앙리, 자살한 소르비에, 교살당한 프랑수아로 형성된 '우리'가 더 소중하다는 사실을 강조하고 있다.

실제로 앙리는 프랑수아의 목을 졸랐을 때 그의 손이 아니라 '우리'의 손이라는 느낌을 가졌다고 말한다.

> 앙리　　(…) 아니 난 뭐가 뭔지 모르겠네. 모든 것이 삽시간에 일어났고, 꼬마는 이제 죽었어. (갑자기.) 자네들은 나를 버릴 권리가 없네. 내가 꼬마의 목을 조를 때, 난 이런 생각이 들었어. 이것은 우리들의 손이야. 우리 모두가 목을 조르고 있다고. 그렇지 않았더라면 난 도저히 할 수가 없었을걸세…[99]

프랑수아의 서약

프랑수아가 살해되고 난 뒤에 장은 무사히 그곳을 나가게 된다. 그가 광을 떠나고 난 뒤에 뤼시는 카노리와 앙리를 자기 주위로 불러 그들 3명이 '하나'가 되었음을, 그리고 프랑수아도 죽음으로써 그들과 하나가 되었음을 선포하고 있다. 그러면서 식어 버린 프랑수아의 몸을 만질 것을 부탁한다.

---

[99]　같은 책, pp.98-99.

뤼시   (…) 내 옆으로 가까이 와요. (앙리, 카노리가 뤼시 곁
          으로 간다.) 더 가까이요. 지금 우리는 우리끼리 있
          어요. (…) 프랑수아는 죽어야 했어요. 당신들도 그
          걸 잘 알아요. 저기 아래층에 있는 놈들이 우리의
          손을 빌려 그를 죽인 거예요. 이리 와요. 난 그의 누
          나예요. 그런 내가 당신들에게 죄가 없다고 하잖아
          요. 그에게 당신들의 손을 올려놔 주세요. 죽은 후
          로 그는 우리의 일원이 되었어요. 보세요. 아주 엄
          숙한 모습을 하고 있어요. 비밀을 지키려고 입을 꽉
          다물고 있어요. 그를 어루만져 주세요.[100]

   이 부분은 두 가지 이유에서 주목할 만하다. 첫째, 여기서 일종의
통과의례, 즉 프랑수아가 뤼시, 앙리, 카노리(그리고 소르비에)에 의해
형성된 융화집단으로 통합되는 의식이 진행된다고 할 수 있기 때문
이다. 프랑수아는 이 집단의 내부-외부의 경계선에 서 있었다. 만일
그가 친독의용대원들의 고문을 이겨 내지 못하고 장의 위치를 발설
했더라면, 그는 결코 융화집단에 통합되는 권리와 자격을 얻지 못했
을 것이다. 하지만 그는 이 권리와 자격을 획득한다. 그는 소르비에
와 마찬가지로 죽어서 그들의 동지가 된 것이다. 물론 그렇게 되기
위해서 프랑수아는 교살당함으로써 서약을 했다는 점을 잊지 말자.

<hr />

[100] 같은 책, p.108.

둘째, 앞의 인용문에서 뤼시가 일인칭 복수 대명사 '우리'를 사용한다는 점이다. 이것은 단순한 언어적 습관의 결과가 아니다. 여기서 '우리'는 정확히 '하나'가 된 '우리', 곧 완전한 상호성을 구현하는 '나-너'의 구별이 없는 '우리'이다. 물론 여기서 '우리'는 5명의 마키 대원들로 이루어진 집단이다. 또한 3명이 당한 고문과 소르비에의 자살, 프랑수아의 교살의 형태로 이루어진 서약을 바탕으로 형성된 서약집단으로서의 '우리'이다. 뤼시는 곧이어 다음과 같이 말하고 있다.

뤼시   좋아요. 내게 더 가까이 와요. 나는 당신들의 팔과
        어깨를 느껴요. 내 무릎 위에 놓은 이 녀석이 무겁
        네요. 오히려 그것이 좋아요. 나는 내일 입을 다물
        거예요. 아! 발설하지 않을 거예요. 나를 위해, 소르
        비에를 위해. 당신들을 위해. 우리는 하나를 이룰
        뿐이에요.[101]

앞서 살펴본 것처럼 소르비에는 마키대원들로 형성된 융화집단의 안전을 지키기 위해 자살할 수밖에 없었다. 프랑수아는 같은 목적으로 교살당한 것이다. 그들이 각각 다른 이유로 죽었지만, 그들의 죽음에는 한 가지 공통점이 있다. 그것은 그들 각자가 동지들에

[101] 같은 책, p.109.

의해 부과된 '공포-폭력'의 희생자가 되었다는 사실이다. 앞서 소르비에의 자살을 '강요된 자살', '타살적 자살'이라고 규정한 바 있다. 프랑수아의 교살은 '자살적 타살'이라고 할 수 있을 것이다. 그에 대한 살해가 마키대원들의 안전을 구실로 해서 다른 마키대원, 곧 동지의 손에 의해 저질러졌기 때문이다.

지금까지 『무덤 없는 주검』을 통해 살펴본 바와 같이, 사르트르의 공동체 이론, 곧 '우리'의 형성과 존속은 줄곧 '폭력'과 보조를 같이하고 있다. 우선, 마키대원들 전체, 그리고 포로가 되어 광에 갇혀 있는 5명의 마키대원들에 의해 형성된 융화집단은 이미 독일의 침략이라고 하는 '기존폭력'에 맞서기 위해 무장 투쟁이라는 방법을 선택했다. 그런데 이 무장 투쟁은 정확히 기존폭력에 맞서기 위한 순수대항폭력의 형태를 띠고 있다.

특히 포로로 잡혀 있는 5명의 마키대원들은 융화집단을 형성하고 있으며, 이 집단을 존속시키기 위해 그들 모두는 서로 '서약'에 해당하는 '작은 폭력'의 사용을 용인한다. 소르비에의 자살과 프랑수아의 교살이 거기에 해당한다. 물론 『무덤 없는 주검』에 서약 장면이 나오는 것은 아니지만 이들 5명은 암묵적으로 이미 서약을 했다고 할 수 있다. 그리고 소르비에의 자살과 프랑수아의 교살은 모두 집단을 배반할 가능성이 있는 자들의 죽음이다. 두 사람의 죽음은 유형이 다르지만, 모두 집단을 지배하는 서약, 곧 '동지애-공포'가 이 집단의 잠재적 배신자에게 적용된 결과인 것이다. 이렇듯 사르트르의 공동체 논의는 처음부터 끝까지 '폭력'에 의지하고 있다.

승리자들

『무덤 없는 주검』의 애초의 제목은 '승리자들vainqueurs'이었다. 살아남은 3명의 마키대원들, 즉 카노리, 앙리, 뤼시는 자살한 소르비에와 교살당한 프랑수아와 함께 이 작품의 궁극적인 승리자들이라고 할 수 있을 것이다. 우선, 그들은 친독의용대원들과의 고문에서 개인적으로 승리를 거두었다고 할 수 있다. 물론 앙리는 고문을 받으면서 고통을 이기지 못하고 소리를 지른 것을 부끄럽게 생각한다. 하지만 그 누구도 개인적으로 고문자들에 의해 객체화되지 않았다. 다시 말해 그들은 끝까지 자유와 주체성을 지킨 것이다.

또한 5명의 마키대원들은 집단의 차원에서도 승리를 거두었다고 할 수 있다. 그들은 우선 그들만으로 형성된 소규모의 융화집단을 존속시키는 데 성공했다. 물론 그것을 위해 소르비에의 자살과 프랑수아의 교살이라는 비싼 대가를 치러야 했다. 하지만 두 사람의 죽음과 다른 3명의 고문은 결국 수많은 마키대원들의 목숨을 지키고, 나아가서는 조국 프랑스의 해방을 지킨 것이다. 이런 의미에서 5명의 마키대원들은 모두 승리자들이라고 부를 수 있을 것이다.

물론 카노리, 앙리, 뤼시는 마지막에 총살당하고 만다. 그들에게 장의 위치와 목숨을 맞바꾸기로 한 약속을 저버리고 친독의용대원들 중 한 명인 클로쉐Clochet가 그들을 총살시켜 버린 것이다. 클로쉐는 후일 전쟁이 끝나고 그들이 살아 있다면, 그들에 의해 조국을 배반한 자, 비겁한 자, '고문한 사람' 등의 낙인이 찍히는 것을 견딜 수 없을 것이라고 판단한 것이다. 그도 그럴 것이 사르트르에게서 인간은 죽으면서 타자에 대한 비밀을 무덤까지 가져가기 때문이다. 타자에게 한 번 존재했던 나의 모습, 나의 이미지는 타자의 시선에 의해 영원히 오염되기 된다는 것이다. 어쨌든 『무덤 없는 주검』에 나오는 5명의 마키대원들은 죽음으로써 후손들의 기억 속에 영원히 조국을 지킨 승리자들로 남게 되었다고 할 수 있다.

4

카뮈의 『페스트』: '우리'의 형성과 반항

『페스트』: 가장 완성도가 높은 작품

폭력을 통한 '우리'의 형성과 존속을 주장하는 사르트르와는 달리 카뮈는 집단적 반항을 통한 '우리'의 공존, 상생, 화해를 주장한다. 『페스트』에서 카뮈의 그런 주장이 문학적으로 아주 잘 형상되고 있다. 다시 말해 『페스트』에서는 『반항하는 인간』에서 제시된 "나는 반항한다. 그러므로 우리는 존재한다"라는 주장, 곧 '고독한' '나$_{je}$'에서 연대적인' '우리$_{nous}$'로의 이행이 가장 완벽한 형태로 나타나고 있는 것으로 보인다.[102]

여기서는 이런 점을 염두에 두고 특히 『페스트』의 중심인물들인 리유Rieux, 타루Tarrou, 그랑Grand, 랑베르Rambert[103] 등이 주도해 페스트에 맞설 목적으로 조직한 '자원보건대formations sanitaires volontaires'의 활동에 주목할 것이다. 그 과정에서 카뮈의 공동체 이론, 곧 '우리'의 형성과 존속이 어떤 점에서 사르트르의 그것과 차이가 나는지를 검토해 보고자 한다. 또한 이를 바탕으로 두 사람이 적의 관계로 돌아선 이유의 일부를 포착해 보도록 하자.

먼저 『페스트』가 어떤 작품인지를 간략하게 보자. 『페스트』는 1947년에 출간된 카뮈의 소설[104]이다. 이 작품에서는 알제리 소재 오랑Oran시에서 창궐한 페스트로 인해 수많은 사람이 죽어 가는 비극적인 상황과 이런 상황에서 이 시의 평범한 몇몇 시민들이 힘을 합쳐 페스트에 초인적인 노력으로 맞서는 모습이 주로 그려지고 있다. 이 작품은 2차 세계대전으로 인해 암울했던 시기를 거친 인류에게 희망적인 메시지를 전해 주는 인간애가 넘치는 작품임과 동시에 공동선 이념이 잘 구현된 작품으로 여겨진다.

『페스트』에 대한 찬사는 너무 많아 일일이 열거할 수 없을 정도이

---

[102] 이 부분의 논의는 2014년 2월 28일에 간행된 『외국문학연구』(한국외국어대학교 외국문학연구소, 제53호, pp.173-192)에 게재된 논문 「알베르 카뮈의 『페스트』: 나, 우리, 반항」을 수정, 보완한 것임을 밝힌다.

[103] 물론 오통(Othon) 예심판사, 파늘루(Paneloux) 신부 등과 같은 인물들도 자원보건대에서 활동한다. 하지만 여기서는 리유, 타루, 그랑, 랑베르에 중점을 두고 논의를 하게 될 것이다. 이렇게 하는 것은 이들 네 명의 인물에 『페스트』의 저자인 카뮈의 모습이 그대로 투사되어 있는 것으로 생각되기 때문이다. 다시 말해 그들 네 명은 한 사람의 분신이라는 의미에서 진정한 '형제들'로 생각되기 때문이다.

[104] 카뮈는 『페스트』를 '연대기(chronique)'로 규정하고 있으나, 이 작품은 서술자가 있는 소설이다.

다. 이 작품은 출간 일주일 만에 비평가상Prix des Critiques을 받을 정도로 대성공을 거두었다. "올해가 아니라 이 시대의 가장 중요한 작품 중 하나"[105]라는 평가를 받았던 이 작품은 카뮈의 작품 중 "가장 완성도가 높은"[106] 작품으로 여겨진다. 또한『페스트』는 1942년에 출간된『시지프 신화』와『이방인』등으로 이어지는 카뮈의 명성을 굳건히 하는 데 기여했다. 이 작품은 출간 10년 후인 1957년에 카뮈가 노벨 문학상을 수상하는 데도 큰 기여를 했다고 할 수 있다.

하지만 여기서의 관심은『페스트』에 대한 그런 찬사와 평가에 있지 않다. 그보다는 오히려 이 작품에서 볼 수 있는 자원보건대의 활동을 통해 카뮈의 공동체 이론, 곧 '우리'의 형성과 존속의 문제를 살펴보는 데 관심이 있다. 실제로 이 자원보건대는 평소 카뮈가 꿈꾸어 왔던 공동체, 곧 형제애와 연대의식을 바탕으로 실현된 '우리'의 한 모범적인 예로 보인다. 이 공동체는 앞서 언급한 주장, 즉 "나는 반항한다. 그러므로 우리는 존재한다", 즉 고독한 상태에서 연대적인 상태로의 이행의 구체적인 한 예라고 할 수 있다.

물론『페스트』에서 볼 수 있는 자원보건대에 대해 문제를 제기하는 자들도 없지 않다. 그들의 주장은 대략 두 가지로 요약된다. 하나는 이 작품에서 자원보건대로 대표되는 카뮈의 공동선의 추구는 '적십자 단체Croix-Rouge'에서나 볼 수 있는 가벼운 도덕의 실천에 불과

---

[105] Albert Camus, *La Peste*, in *Œuvres complètes*, t. II, Gallimard, 2006, p. 1168.
[106] 같은 곳.

하다는 주장이다.[107] 다른 하나는 카뮈가 이 작품에서 페스트의 기원은 물론이거니와 그 퇴치 방법 역시 분명하게 제시하지 못하고 있다는 주장이다.

특히 이 두 번째 주장은 『페스트』에 드러난 페스트와의 투쟁과 그 승리가 일종의 추상적인 알레고리에 불과하다는 주장으로 이어진다. 이 주장은 또한 카뮈가 이 작품에서 다루고 있는 문제가 한 공동체 내부에서 발생하는 계급투쟁과 같은 현실적이고 구체적인 문제와는 동떨어진 것이라는 주장으로 이어진다. 게다가 이런 주장은 『페스트』에서 볼 수 있는 카뮈의 공동체 이론이 지나치게 낙관적이라는 주장으로까지 나아간다. 예컨대 20세기 문학평론가로 유명한 바르트는 이렇게 말하고 있다. '자원보건대'의 세계는 "친구들의 세계이지 투사들의 세계가 아니다le monde d'amis, non de militants"라는 의견이 그것이다.[108]

이와 같은 주장들은 모두 앞서 제시했던 사르트르의 공동체 이론, 곧 폭력을 통한 '우리'의 형성과 그 존속과도 무관하지 않은 것으로 보인다. 이제 『페스트』에서 볼 수 있는 자원보건대의 활동에 주목하면서, 한편으로는 카뮈의 공동체 이론, 곧 '우리'의 형성과 존속의 문제를 살펴보고, 다른 한편으로는 그런 그의 공동체 이론이 폭력에 주로 의지하는 사르트르의 그것과 어느 정도의 거리에 있는지

[107] 같은 책, p.1169.
[108] Roland Barthes, "《La Peste》, Annales d'une épidémie ou roman de la solitude?", p.544.

를 살펴보도록 하자.

반항하는 '나'에서 반항하는 '우리'로

'우리', 곧 공동체의 형성과 존속에 대한 논의와 관련하여 카뮈가 그만의 고유한 이론을 가지고 있는가, 만일 가지고 있다면 그것은 어떤 모습을 하고 있는가에 대해서는 또 다른 심도 있는 연구가 필요할 것이다. 하지만 카뮈가 전 작품을 통해 '우리'에 대해 강박관념에 가까운 관심을 표명하고 있다는 것은 분명해 보인다.

예컨대 「나는 왜 연극을 하는가」라는 글에서 밝히고 있는 것처럼 연극을 매개로 이루어지는 '우리',[109] 『안과 겉 L'Envers et l'Endroit』의 한 부분인 「삶에의 사랑」이라는 글에서 볼 수 있는 팔마의 한 술집에서의 춤과 노래를 매개로 형성되는 '우리',[110] 『여름 L'Été』에 포함되어 있는 「미노타우로스 또는 오랑에서 잠시」에서 권투 경기를 매개로 이루어지는 '우리', 뒤에서 살펴볼 『정의의 사람들』에서 테러리스트들에

---

[109] "동지애는 내 삶의 가장 큰 기쁨 중의 하나였는데 내가 사람들과 한 팀이 되어 만들었던 어떤 신문을 떠난 이후 잊어버리고 말았던 것이지요. 그러다가 연극으로 돌아오자 나는 곧 그 동지애를 되찾을 수 있었습니다. … 정상적인 체질의 인간이라면 어느 땐가 반드시 사람의 얼굴, 공동체의 따뜻한 체온을 그리워하게 될 것입니다"(알베르 카뮈, 『문학비평』, p.545). 이것은 사르트르의 경우에도 해당한다. 그는 2차 세계대전 중 독일군의 포로수용소에서 극작품을 공연하면서 연극을 통한 '우리'의 형성을 직접 체험했고, 거기에 크게 매료되었다.

[110] 사르트르도 예술작품을 매개로 이루어지는 창작자와 관람자들 사이의 관계에서 '우리'의 형성 가능성을 주장한다.

의해 조직되는 '우리', 그리고 『계엄령L'État de siège』에서 페스트와 맞서 싸우는 카디스Cadix 시민들에 의해 형성된 '우리' 등을 나열할 수 있다.

그런데 이와 같은 '우리'의 형성이 모두 『반항하는 인간』에서 볼 수 있는 카뮈의 주장, 즉 "나는 반항한다. 그러므로 우리는 존재한다"와 밀접하게 관련이 되어 있다는 점을 지적하자. 이 주장과 관련하여 앞서 다음과 같은 두 가지 사실을 지적한 바 있다. 하나는 카뮈에게서 '우리'는 '나'의 존재보다 먼저 존재한다는 사실이었다. 또 하나는 이때 '우리'와 '나'는 모두 예외 없이 '반항해야 한다se révolter'는 사실이었다. 또한 카뮈에게서 부조리는 명석한 의식을 가진 자에 의해서만 느껴지고, 또 반항은 부조리를 이루는 두 항이 단절을 극복하기 위해 서로를 합일하는 것이라고 했다. 그런 만큼 '우리'를 구성하는 모든 구성원들, 즉 모든 '나'는 명석한 의식을 가진 채 이 세계와의 관계에서 부조리를 각성해야만 할 것이다.

그런데 이것이 가능할까? 실제로 대부분의 사람들은 일상생활에서 부조리를 각성하기는커녕 일상생활에 함몰되어 그냥저냥 지내는 것이 아닐까? 부조리의 각성은 드물게 나타나는 현상이 아닌가? 그로부터 카뮈의 공동체 이론, 곧 '우리'의 형성과 관련하여 다음과 같은 근본적인 질문이 제기될 수 있다. 반항하는 '나'로부터 반항하는 '우리'로의 이행은 별다른 어려움 없이 이루어질 수 있는가?

카뮈에 의하면 인간은 인간에 대해 신이고, 낙원이고, 상생 가능한 존재, 공생 가능한 존재, 화해 가능한 존재이기 때문에 위의 질문에 대한 답은 당연히 긍정적일 것이다. '너'와 '나'가 각자 부조리를 느끼고, 그런 상태에서 서로 도와 하나가 된다면, 집단적 반항의 주체로서 '우리'의 형성은 항상 가능하다고 할 수 있다. 게다가 카뮈가 주장하는 '우리'의 선재성은 각 개인의 삶의 원초적인 조건이기까지 하다. 하지만 구체적인 현실에서는 반항하는 '나'로부터 반항하는 '우리'로의 이행이 그다지 쉽게 이루어지는 것 같지 않다. 이제 『페스트』에서 볼 수 있는 자원보건대의 활동을 중심으로 위의 문제에 답을 해 보자.

페스트 발병 이전의 오랑 시민들

페스트 발병 이전의 오랑 시민들은 일상생활에 함몰된 자들의 전형적인 모습으로 보인다. 사르트르의 용어를 빌리자면, 그들은 '집렬체'의 상태에 있다고 할 수 있을 것 같다. 그렇다면 그들은 구체적으로 어떤 양상의 삶을 영위하고 있을까? 이 질문을 제기하고 그 답을 구하는 것은 『페스트』에서 '자원보건대', 곧 '우리'가 어떤 특징을 가지는지, 그리고 특히 이 자원보건대의 형성 이후로 '형제'가 되는 4명의 주요 구성원들이 페스트 발병 이전에 어떤 관계를 맺고 있었는지를 알아보기 위함이다.

페스트 발병 이전의 오랑시를 지배하는 분위기는 한 마디로 일상성에 매몰된 상태, 습관에 매몰된 상태라고 할 수 있다. 『페스트』의 앞부분에서 볼 수 있듯이, 오랑 시민들은 매일 같은 리듬으로 사업과 무역과 돈벌이를 하면서 살아가고 있다. 그들의 주요 관심사는 경제적 풍요이다. 그런 그들은 하루하루 기계적이고 반복적인 습관에 따라 살아가면서 도덕적 긴장감을 전혀 느끼지 못하고 있다. 오랑시를 지배하고 있는 분위기는 한 마디로 '권태'라고 할 수 있다.

> 어떤 한 도시를 아는 편리한 방법은 거기서 사람들이 어떻게 사랑하며 어떻게 죽는가를 알아보는 것이다. (…) 우리 시민들은 일을 많이 하지만, 그건 한결같이 부자가 되겠다는 욕심에서 하는 일이다. 그들은 무엇보다도 장사에 관심이 있다. 그들 자신의 표현대로 우선 사업을 하는 데 골몰해 있는 것이다. 물론 단순한 즐거움에 대한 취미도 없지 않아서, 여자와 영화와 해수욕을 좋아한다. 그러나 대단한 분별력이 있어서 그런 재미는 토요일과 일요일을 위해 아껴두고 주중의 다른 날들에는 돈을 많이 벌려고 애를 쓴다. 저녁 때 직장을 나서면 그들은 일정한 시간에 카페에 모여 앉거나, 늘 같은 대로를 거닐거나 그렇지 않으면 자기 집 발코니에 나와 앉는다. 아주 젊은 패들의 욕망은 격렬하면서도 한순간의 짧은 것인 데 비해서, 나이 많은 축들이 빠지는 취미란 기껏해야 공굴리기 모임이나 친목회 회식이나 트럼프 놀음에 돈을 듬뿍 거는 서클의 선을 넘어서지 않는다.[111]

111 알베르 카뮈, 『페스트』, 『알베르 카뮈 전집 특별판 3』, 김화영 옮김, 책세상, 2010, p.156.

이처럼 일상성, 습관, 권태에 매몰되어 있는 오랑 시민들 중 후일 자원보건대에서 활동하는 자들 사이의 관계 역시 페스트 발병 이전에는 특별한 것이 없어 보인다. 예컨대 의사 리유는 오랑에 머물고 있는 외지인 타루와는 가끔 스페인 무용수들의 집에서 만난 사이에 불과하다. 리유는 시청 서기로 근무하는 그랑과는 과거에 그의 대동맥 협착증을 치료해 주면서 알게 되었을 뿐이다. 파리에서 아랍인들의 생활 조건을 취재하러 오랑시에 온 기자 랑베르와 리유는 처음으로 만나는 사이이다. 리유와 오통 예심판사와는 겨우 아는 관계일 뿐이며, 파늘루 신부와도 가끔 만난 적이 있는 정도이다.

이처럼 후일 자원보건대를 조직하는 자들의 관계가 페스트 발병 이전에는 특기할 만한 것을 가지고 있지 않다는 데는 의심의 여지가 없다. 예컨대 이들은 살아가면서 서로 계급갈등이라든가 경제적인 이해관계로 충돌하는 그런 관계를 맺고 있는 것도 아니다. 그렇다고 이들이 아주 돈독한 우정이라든가 강한 연대의식을 가지고 있는 것도 아니다. 실제로 이들 사이에는 오랑시에 거주하고 있는 사람들이라는 점을 제외하고는 거의 아무런 공통점도 없어 보인다. 그런데 한 가지 분명한 점은 이처럼 느슨하게 얽혀 있는 이들이 페스트 창궐을 계기로 하나로 뭉쳐 '우리'를 형성하게 된다는 사실이다.

자원보건대: 반항하는 '우리'

카뮈는 『반항하는 인간』에서 '반항인'을 '아니오non'라고 말하는 자로 정의한다. 따라서 '반항'은 '아니오'라고 말하는 행위라고 할 수 있다.[112] 물론 반항인은 '예oui'라고도 말하는 자이기도 하다. 그러니까 반항인은 모든 것을 부정하지 않는다. 정의, 사랑, 우정 등과 같은 고귀한 가치에 대해서는 긍정적인 태도를 갖는다.

어쨌든 『페스트』에서 오랑 시민들이 '아니오'라고 말해야 하는 대상은 분명하다. 그것은 '페스트'이다. 이 페스트가 전쟁, 나치즘, 진짜 질병 등, 그 어떤 것을 상징한다고 해도 상관이 없다. 오랑 시민들의 입장에서 보면 페스트는 당연히 그들이 '아니오'라고 말해야 할 대상이다.

그런데 페스트의 창궐 이후에 오랑 시민들 중 몇 명이 합심하여 자원보건대를 조직한다. 물론 이 자원보건대가 페스트 발병 직후에 조직된 것은 아니다. 이 자원보건대가 조직되어 활동하기까지는 페스트로 인한 수많은 사람들의 희생, 수많은 사람들의 헌신적인 노력, 행정당국의 미온적인 대처, 수많은 망설임, 시행착오 등이 있었다.

하지만 무엇보다도 자원보건대의 조직은 오랑 시민들 중 일부의 반항에서 비롯된 것이라는 점에 주목할 필요가 있다. 다시 말해 페스트에 대해 '아니오'라고 말하고자 하는 몇몇 사람들의 자발적인 행동에서 비롯되었다. 자원보건대를 처음으로 입에 올린 장본인은 타루이다.

---

[112] 알베르 카뮈, 『반항하는 인간』, p.407.

— 그래서 나는 자원보건대를 조직하는 구상을 해 보았습니다.
제게 그 일을 맡겨 주시고 당국은 빼버리기로 합시다. 게다
가 당국은 할 일이 태산 같습니다. 여기저기 친구들이 있으
니, 우선 그들이 중심이 되어 주겠죠. 그리고 물론 나도 거기
에 참가하겠습니다.
— 잘 알았습니다. 리유가 말했다. 물론 기꺼이 받아들이겠습
니다. 특히 의사가 하는 일에는 여러 사람의 협조가 필요합
니다. 그 착상을 현청에서 수락하도록 만드는 것은 제가 책
임을 지겠습니다. 사실 현청으로서는 찬밥 더운밥 가릴 때가
아닙니다. 그러나…
리유는 생각을 해 보았다.
— 그러나 이런 일을 한다가 생명을 잃을지도 모릅니다. 잘 알
고 계시겠지만요. 그러니 좌우간 알려는 드려야지요. 잘 생
각해 보셨나요?[113]

이처럼 타루와 리유의 대화를 계기로 오랑시의 자원보건대가 조
직된다. 이제 리유, 타루, 그랑, 랑베르가 각각 이 자원보건대에 가
입하여 페스트에 반항하게 되는 동기와 경위를 간략하게 살펴보자.

---

[113] 알베르 카뮈, 『페스트』, p.294.

리유의 반항

자원보건대의 주요 인물 중 한 명은 의심의 여지 없이 의사 리유이다. 『페스트』의 이야기를 풀어 나가는 화자의 역할을 수행하기도 하는 그는 병든 아내를 멀리 요양원으로 보내고 노모와 함께 지내고 있는 35세쯤 되는 의사이다. 그는 인간의 생명을 구한다는 대단한 소명 때문에 의사가 된 것이 아니다. 노동자의 아들로 태어난 그는 그저 자신의 과거의 열악한 삶의 조건에서 벗어나기 위해 의사가 된 것뿐이다.

하지만 리유는 오랑시에서 페스트가 걷잡을 수 없이 퍼져 가는 것과 비례해 점차 냉철한 현실주의자로 변해 간다. 페스트로 인해 수많은 사람의 죽음을 직접 목도하게 된 리유에게 추상적인 페스트, 관념적인 페스트는 아무런 의미가 없다. 리유에게는 인간이 반드시 죽어야 하는 존재라는 사실도 부조리하게 여겨지지만, 인간이 페스트라는 질병으로 인해, 그것도 수많은 사람이 죽어 가야 한다는 사실이 더욱더 부조리하게 여겨진다. 그로부터 리유의 '반항'이 시작된다. 리유는 자기 자신을 포함해 다른 사람들이 페스트 앞에서, 그로 인해 발생하는 죽음, 그것도 수많은 사람의 죽음 앞에서 느끼는 무기력함을 견딜 수가 없는 것이다.

페스트가 창궐하는 상황에서 리유가 내세우는 행동 지침은 관념적이지도 추상적이지도 않고, 구체적이면서 현실적이다. 그에게서 가장 중요한 것은 첫째, 페스트에 걸리지 않고, 둘째, 페스트에 걸려

도 그것을 남에게 옮기지 않고, 셋째, 페스트에 걸렸으면 죽지 않고
살아남아야 하는 것이다. 리유의 최종 목표는 당연히 페스트를 퇴
치하고 오랑시를 위기에서 구하는 것이다.

> — 그럼요. 그[리유]가 말했다. 아마 자존심이 대단하다고 생각
> 하시겠죠. 그러나 나는 필요한 정도의 자존심밖에는 없습니
> 다. 정말이에요. 앞으로 무엇이 나를 기다리고 있는지, 이 모
> 든 일이 끝난 다음에는 무엇이 올 것인지 나는 모릅니다. 당
> 장에는 환자들이 있으니 그들을 치료해 주어야 합니다. 그런
> 다음에 그들은 반성을 할 것이고, 또 나도 반성할 것입니다.
> 그러나 가장 긴급한 일은 그들을 치료해 주는 것입니다. 나
> 는 힘이 미치는 데까지 그들을 보호해 줄 것입니다. 그뿐이
> 지요.[114]

그런 만큼 리유는 이와 같은 목표 달성에 기여할 수 있는 현실적
이고 구체적인 수단과 방법을 적극적으로 추구하게 된다. 물론 그
렇다고 해서 그가 사랑, 행복, 신앙 등과 같은 관념적, 추상적 가치
를 무시하거나 부정하는 것은 결코 아니다. 다만 그는 그런 가치를
위해서 현실적, 구체적으로 소용될 수 있는 방법과 수단을 추구한
다. 삶과 죽음의 경계선에 서 있는 사람에게는 그 어떤 관념이나 가

---

[114] 같은 책, p.297.

치도 삶을 대신할 수는 없다는 것이 리유의 이런 태도를 정당화해 준다.

리유의 이런 태도는 파늘루 신부와의 대화에서 극명하게 나타난다. 판사의 아들이 페스트로 인해 극도의 고통을 겪으면서 죽어 가는 상황에서 신의 사랑과 자비를 말하는 파늘루 신부에 대해 리유는 지극히 현실적이고 인간적인 입장을 드러내 보인다.

> — 아닙니다, 신부님, 하고 그[리유]가 말했다. 나는 사랑이라는 것에 대해서 달리 생각하고 있어요. 어린애들마저도 주리를 틀도록 창조해 놓은 이 세상이라면 나는 죽어도 거부하겠습니다.
>
> 파늘루의 얼굴에는 당황한 그림자가 스쳤다.
>
> — 아! 선생님, 하고 그가 서글프게 말했다. 이제 금방 나는 은총이라고 부르는 것이 과연 무엇인지 알게 되었어요.
>
> 그러나 리유는 다시 벤치에 몸을 깊숙이 기대었다. 그는 다시 엄습해 오는 피로의 저 깊숙한 곳으로부터, 좀 더 부드럽게 말했다.
>
> — 나는 그런 것을 못 가졌다는 것을 잘 알고 있어요. 그러나 그런 문제를 당신하고 토론하고 싶지는 않아요. 우리는 신성 모독이나 기도를 초월해서, 우리를 한데 묶어 주고 있는 그 무엇을 위해서 함께 일하고 있어요. 그것만이 중요합니다.
>
> 파늘루가 리유의 곁에 와서 앉았다. 그도 감동한 모양이었다.

— 그럼요, 하고 그가 말했다. 그럼요, 당신도 역시 인간의 구원
    을 위해서 일하고 계시거든요.
리유는 웃는 낯을 하려고 노력했다.
— 인간의 구원이란 나에게는 너무나 거창한 말입니다. 나는 그
    렇게까지 원대한 포부는 갖지 않았습니다. 내게 관심은 인간
    의 건강입니다. 다른 무엇보다도 건강이지요.[115]

정확히 이와 같은 태도로부터 리유의 "성실성", 곧 "자기가 맡은 직분을 완수하는 것",[116] 따라서 의사로서의 자기의 직책을 충실히 수행해 나가는 일이 가장 중요하다는 생각이 기인한다. 또한 인간의 건강, 곧 생명보다 더 중요한 건 없다는 행동 지침이 기인한다. 그리고 이와 같은 행동 지침을 바탕으로 그는 의사로서의 자기 임무를 성실하게 수행하고, 또 다루가 제안한 자원보건대의 조직을 지원함과 동시에 거기에 가입해서 정열적으로 활동하게 된다. 극한 상황에서 초인간적인 노력을 요구하는 일을 해내는 자를 '영웅'이라고 할 수 있다면, 이와 같은 리유의 모습은 참다운 의미에서 카뮈에 의해 창조된 현대적 영웅이라고 할 수 있을 것이다.

---

[115] 같은 책, pp.400-401.
[116] 같은 책, pp.338-339.

타루의 반항

그다음으로 타루를 보자. 타루는 누구인가? 어디에서, 어떤 이유로 오랑시로 왔는지는 모르지만, 페스트가 발병했을 때 그는 우연히 이 도시에 머물고 있었다. 특별히 하는 일도 없으면서 그는 혼자 이 도시의 이곳저곳을 어슬렁거리고, 해수욕을 즐기고, 이 도시에 사는 자들을 유심히 관찰하고, 그들의 기벽奇癖을 기록하면서 소일消日한다.

『페스트』의 화자인 리유의 증언대로, 타루의 이런 기록들은 후일 오랑시를 휩쓴 페스트에 대한 '연대기'를 작성하는 데 소중한 자료로 이용된다. 앞서 지적했지만 타루는 스페인 무용수의 집에서 리유를 몇 차례 만났을 뿐이다. 하지만 페스트가 확산되어 감에 따라 그는 점차 리유와 의기투합해 돈독한 우정을 맺게 되며, 급기야는 자원보건대의 조직을 의논하고 주도하게 된다.

그렇다면 타루는 왜 자신의 생명이 위태로워질 수도 있는 위험한 자원보건대의 조직을 제안했는가? 이 질문에 답은 타루의 다음과 같은 결심에 들어 있다.

> 그래서 나는 직접적이건 간접적이건, 좋은 이유에서건 나쁜 이유에서건 사람을 죽게 만들거나 또는 죽게 하는 것을 정당화하는 모든 걸 거부하기로 결심했습니다.[117]

이와 같은 타루의 결심은 그의 아버지와의 관계에서 비롯된 것이다. 타루의 아버지는 검사였다. 검사였던 아버지는 종종 범법자들에게 사형을 언도했다. 실제로 타루는 아버지가 사형언도를 내리는 장면을 목도하게 된다. 그때 그는 커다란 충격을 받는다.

그러나 그때까지 나는 그를 '피고'라는 편리한 개념을 통해서밖에는 생각지 않았다는 것을 문득 깨달았어요. 그때 내가 아버지 생각을 아주 잊고 있었다고 말할 수는 없었지만, 무엇인가가 내 배를 꽉 졸라매고 있는 기분이어서 그 형사 피고인 외에는 아무것도 주의를 기울일 수가 없었습니다. 거의 아무것도 귀에 들리지 않았어요. 나는 사람들이 멍청하게 살아 있는 그 사람을 죽이려 한다는 것[118]을 느끼자 물결처럼 밀려오는 굉장한 본능을 억제할 수 없게 되어 거의 맹목적인 고집으로 그 남자 편을 들고 있었습니다. 내가 정신을 다시 차린 것은 아버지의 논고가 시작되었을 때입니다.[119]

또한 타루의 아버지는 직업상 어쩔 수 없이 사형장에 입회할 수밖에 없었다. 타루는 특히 왜 어떤 날 밤이면 아버지가 괘종시계를 맞추어 놓고 자다가 시계가 울리면 새벽에 일찍 일어나는지를 알게

---

[117] 같은 책, p.440.
[118] 타루는 리유와의 대화에서 그 자신은 오래전부터 '살인'이라고 하는 '페스트'를 앓고 있었다고 말하고 있다(같은 책, p.432).
[119] 같은 책, pp.434-435.

된다. 타루는 결국 집에서 뛰쳐나온다.

그 이후 타루는 정치 활동을 하기도 한다. 하지만 겉으로는 인간의 존엄을 내세우면서도 속으로는 비인간적인 행동을 서슴없이 행하던 정치 조직의 위선을 겪으면서 이른바 '목적-수단'의 관계에서 ―이 관계에 대해서는 다음 장에서 살펴볼 것이다. 카뮈의 입장을 그대로 대변하고 있는 타루의 입장은 『정의의 사람들』의 칼리아예프의 입장이기도 하다― 타루는 확고한 기준을 갖게 된다.

그 기준에 의하면 '목적'도 정당해야 하며, 이런 목적을 이루기 위해 동원되는 '수단' 역시 정당해야 한다. 이와 같은 소신을 가지고 행동하는 타루는 후일 페스트가 위세를 떨칠 때 자원보건대의 선봉에서 활동하게 된다. 이런 시각에서 볼 때 타루의 자원보건대에서의 활동 역시 의사 리유의 경우와 마찬가지로 페스트에 의한 대량 살인이라는 부조리한 현상에 대한 자발적이고도 적극적인 '반항'에 해당한다고 하겠다.

그랑의 반항

세 번째로 그랑의 경우를 보자. 그랑은 시청에서 서기직을 맡고 있다. 다시 말해 그는 오랑시의 다른 시민들과 비교해 별다른 특징을 가지고 있지 않은 보통 사람에 불과하다. 『페스트』의 화자인 리유는 그랑을 "영웅다운 면이라고는 전혀 없는"[120] 사람으로 묘사하고 있다.

또한 그랑은 그의 모든 면에서의 보잘것없음으로 인해 아내로부터 버림받은 인물이기도 하다. 그랑은 저녁이면 집으로 돌아가 그저 처음 몇 줄을 쓴 것이 고작인 소설의 집필에 모든 노력을 경주하는 것을 유일한 보람으로 여기면서 살고 있는, 그야말로 답답하면서도 고행苦行에 가까운 삶을 영위하고 있는 인물이기도 하다.

또한 그랑은 소설을 쓰면서나 일상생활에서도 항상 합당한 의미를 가진 낱말을 찾기 위해 노력하고, 또 그러기 위해 라틴어를 다시배우는 완벽주의자이다. 그런 그의 모습은 정확히 '페스트'라는 병의 실체를 확인하고도 오랑 시민들의 반응이 두려워 이 단어를 공식적으로 사용하지 못하고 이리저리 회피하는 오랑시 행정당국자들과 극명하게 대조된다. 이렇듯 그랑은 페스트와의 싸움에서 그것에 정확한 병명을 붙이는 것이 '반항'의 첫걸음, 어쩌면 가장 힘들고도 가장 중요한 일이라는 것을 조용히 보여 주는 인물이다.

여기에서 카뮈가 '그랑'의 이름을 '그랑'이라고 붙인 것은 우연의 산물이 아닐 수도 있다는 점을 지적하자. 그도 그럴 것이 프랑스어 단어 '그랑grand'은 '위대한', '큰' 등의 의미를 가지고 있기 때문이다. 실제로 『페스트』의 화자인 리유는 작품 후반부에서 그랑의 이름에 걸맞은 그의 활동을 칭찬하면서 정확히 그를 '영웅'이라고 부르고 있다.

---

120 같은 책, p.305.

그렇다, 인간이 소위 영웅이라는 것의 전례와 본보기를 세워놓고 싶어 하는 것이 사실이라면, 그리고 반드시 이 이야기 속에 한 사람의 영웅이 있어야 한다면, 서술자는 바로 이 보잘것없고 존재도 없는 영웅, 가진 것이라고는 약간 선량한 마음과 아무리 봐도 우스꽝스럽기만 한 이상밖에는 없는 이 영웅을 여기에 제시하려 한다.[121]

랑베르의 반항

랑베르의 경우를 보자. 그는 파리에서 온 신문기자이다. 그는 아랍인들의 삶의 조건을 취재하기 위해 오랑시에 왔다가 페스트의 발병으로 인해 그곳에 갇히는 신세가 되었다. 그는 페스트 발병 이후에 오랑에서 귀양살이를 하고 있는 셈이다. 그는 파리에 애인을 두고 있다. 일종의 '이방인'이라고 할 수 있는 랑베르는 페스트 발병 이후 오랑시를 빠져나가기 위해 모든 수단을 강구한다. '사랑'과 '행복'을 자신의 가치 체계의 가장 상위에 놓고 있는 그는 애인과의 재회를 위해 수단과 방법을 가리지 않는다.

이와 같은 랑베르의 태도는 개인주의적이고, 심지어는 도피적이라고 할 수 있다. 하지만 랑베르는 페스트의 위세에 비례해 점차 자신의 그런 태도를 부끄럽게 여기게 된다. 특히 의사 리유의 아내가

---

[121] 같은 책, p.309.

멀리 요양원에 있다는 사실을 알고 그런 생각을 더 강하게 한다. "혼자만 행복하다는 것은 부끄러운 일이지요"[122]라는 고백이 그 증거이다.

이렇게 해서 랑베르는 오랑시에 머물고 있는 한, 그 역시 어떤 식으로든 페스트에 연루되어 있다는 사실을 자각하게 된다. 또한 이같은 자각은 그 자신이 오랑시와 아무런 관계가 없는 이방인이 아니라는 사실에 대한 자각으로 이어진다. 그 결과 그는 자원보건대에 가담하여 페스트에 맞서 열심히 싸우게 된다. 또 한 명의 반항인의 탄생이다.

> 나는 늘 이 도시와는 남이고 여러분과는 아무 상관도 없다고 생각해 왔어요. 그러나 이제 볼 대로 다 보고 나니, 내가 원하건 원하지 않건 간에 나도 이곳 사람이라는 것을 알았어요. 이 사건은 우리들 모두에게 관련된 것입니다.[123]

4명의 반항인: 형제애와 연대의식

이처럼 오랑시에 창궐한 페스트에 맞서 싸우기 위해 조직된 자원보건대에서는 위에서 살펴본 네 명의 핵심 인물이 주로 활동한다.

---

[122] 같은 책, p.389.
[123] 같은 책, p.390.

물론 이 집단에는 오통 판사와 파늘루 신부도 가입해서 활동한다. 오통 판사는 페스트 때문에 어린 아들을 잃고, 또 페스트에 걸린 자기 가족과 더 가깝게 있고 싶다는 소망에서 이 조직에 가입한다.

파늘루 신부는 오랑시에 페스트가 발병한 초기에는 이 병을 하늘이 내린 징벌로 여기는 입장을 취했으나, 오통 예심판사의 순진무구한 어린 아들이 페스트로 인해 극심한 고통으로 죽어 간 이후 자신의 신학적 입장에서 조금 물러서고 자원보건대에 가입해 활동하기도 한다. 하지만 그 자신은 페스트 ―리유는 그의 병을 페스트로 진단하지 않았지만― 를 앓게 되자 의사의 진찰을 거부하고 십자가를 손에 쥔 채 죽어 간다.

오통 예심판사와 파늘루 신부가 이처럼 『페스트』에서 자원보건대에 가입해 활동을 한 것은 사실이다. 하지만 이들 2명보다는 오히려 위에서 살펴본 4명의 주요 인물들이 카뮈가 구상하는 공동체에 훨씬 더 잘 부합하는 것으로 보인다. 여기서는 이들 4명을 중심으로 자원보건대로 구체화된 '반항하는 우리'의 형성이 갖는 의의에 주목하고자 한다.

앞서 사르트르의 융화집단의 특징에 관련된 여러 개념을 살펴본 바 있다. 그런데 흥미로운 사실은, 『페스트』에 등장하는 자원보건대가 사르트르에 의해 논의된 '우리'로서의 융화집단의 특징을 모두 가지고 있다는 점이다.[124] 첫째, 자원보건대에 가입해 활동한 사람들

---

124 이 같은 시도에 대해 다음과 같은 비판도 가능할 것이다. 즉 후일 격렬한 논쟁의 당사자

사이의 관계는 서로 구별이 안 되는 완벽한 상호성 위에 정립된 관계이고, 따라서 이들은 이 조직에서 모두 형제의 자격으로 '우리'를 형성하고 있다고 할 수 있다. 실제로 한 연구자가 지적하고 있는 것처럼, 이들은 자원보건대 조직 이후 '우리'라는 인칭대명사를 사용하고 있다.[125]

둘째, 이처럼 '우리'의 형태로 존재하고 활동하는 이 자원보건대는 편재성의 특징을 가지고 있다. 실제로 이 조직의 구성원들인 리유, 타루, 그랑, 랑베르가 각자 오랑시의 다른 곳에서 활동하고 있다 할지라도, 결국 그들은 같은 곳에서 활동하고 있는 것이다. 그 당연한 결과로 자원보건대에 오랑 시민이 한 명이라도 더 가입하게 되면 그만큼 이 조직의 힘은 강화된다. 이런 이유로 이 조직의 구성원들은 최선을 다해 한 사람이라도 더 이 조직에 가입시키려고 노력하는 것이다.

셋째, 자원보건대는 정확히 이 조직이 페스트와 투쟁하는 동안에만, 다시 말해 '실천'하는 동안에만 그 존재이유를 갖게 될 것이다. 페스트의 발병 이전에는 자원보건대가 조직될 하등의 이유가 없었으며, 그와 마찬가지로 패스트가 물러간 이후에 이 조직이 계속될

가 되는 사르트르의 사유를 중심으로 카뮈의 사유를 조망하려 한다는 것은 논리적으로 맞지 않을 수도 있다는 비판이 그것이다. 하지만 카뮈와 사르트르 모두 이상적인 공동체, 곧 '우리'의 정립에 대해 깊은 관심을 표명하고 있으며, 또한 그들의 사유에는 일정 부분 공통되는 점이 없지 않은 것으로 보인다.

[125] Jacqueline Lévi-Valensi, *La Peste d'Albert Camus*, Gallimard, 1991, pp.83-88.

이유는 없어 보인다.

이런 관점에서 보면 『페스트』에 등장하는 자원보건대는 정확히 사르트르가 『변증법적 이성비판』에서 기술하고 있는 융화집단으로서의 '우리'와 동일한 존재론적 위상을 가지고 있다고 할 수 있다. 게다가 『페스트』에서 자원보건대는 '페스트'라고 하는 기존의 '악' 또는 '적', 곧 일종의 기존폭력과 맞서 싸우고 있다. 물론 자원보건대가 이 투쟁에서 '폭력', 곧 순수대항폭력에 의존하는 것은 아니다.

또한 자원보건대는 그 존속을 '서약'에 의지한다고 할 수 있다. 물론 4명의 구성원들이 공개적으로 서약을 한 것은 아니다. 하지만 그들은 암묵적으로 끝까지 페스트에 맞서 투쟁을 하겠다는 다짐을 했을 것이다. 그렇다고 해서 4명 중 누군가가 이 서약을 위반했을 경우에 그를 처벌할 수 있는 강제력이 있는 것은 아니다. 그럼에도 자원보건대는 서약집단으로서의 존재론적 위상도 가졌다고 할 수 있다. 물론 4명은 굳건한 형제애를 나누고 있지만, 이 형제애에는 폭력적인 요소가 전혀 없다는 사실을 지적하자.

이와 관련하여 자원보건대의 주요 인물들을 각각 카뮈의 분신으로 볼 수도 있을 것이다. 그러니까 이 견해에 의하면 네 인물이 모두 '카뮈'라고 하는 저자에게서 한날한시에 태어난 '형제들'과 같다는 것이다. 카뮈가 의사 리유, 오랑시의 소요자 타루, 시청 서기 그랑, 기자 랑베르에게 자기의 모습이나 혹은 자기와 관련된 모습을 부분적으로나마 투사하고 있다는 견해는 자원보건대를 '반항하는 우리'로 규정하고, 그 의의를 탐구하는 데 큰 도움이 될 수 있을 것이다.

우선 카뮈는 의사 리유에게 그 자신의 개인적인 경험을 투사하고 있다. 앞서 지적한 것처럼 카뮈는 젊은 시절에 폐결핵을 앓았다. 실제로 그는 폐결핵을 치료하기 위해 병원에 입원도 하고 또 요양원 생활을 하기도 했다. 이런 경험에서 그는 의사들과 많은 접촉을 할 수 있었고 또 그들의 삶과 직업의식 등을 가까이에서 지켜볼 수 있는 기회를 가졌을 것이다.[126] 또한 의사 리유가 가진 직업적인 참을성과 겸손함, 그리고 그의 가족 관계 —노동자 출신 아버지와 노모— 등도 카뮈의 그것과 아주 유사하다.

그다음으로 카뮈는 타루와도 몇몇 취향을 공유하고 있는 것으로 보인다.[127] 해수욕, 소요에 대한 취향, 그리고 세세한 것을 놓치지 않는 관찰 본능, 사형과 살인을 거부하는 태도가 그것이다. 그리고 특히 "신 없이 성인聖人[128]이 되고자 하는 타루의 욕망은 그대로 카뮈의 것이라고 할 수 있다. 또한 앞서 지적했듯이 정치 활동을 한 타루의 모습은 한동안 알제리 공산당에 가입해 활동했던 카뮈의 모습을 연상시키기에 충분하다.

그렇다면 그랑은 어떨까? 카뮈는 그랑과도 많은 것을 공유하고

---

[126] 『페스트』에서 볼 수 있는 의사 리유를 비롯해 다른 의사들이 페스트에 대해 가지고 있는 전문 지식은 단지 이와 같은 카뮈 자신의 경험에만 바탕을 둔 것은 아니다. 카뮈는 실제로 『페스트』를 집필하는 동안 과거 페스트를 주제로 집필된 여러 권의 작품들과 페스트 자체에 대한 자료 수집 등을 게을리 하지 않았다.

[127] 유일하게 다른 점은 타루가 가난을 겪지 않았다는 사실이다. 하지만 집을 나온 후에 그는 가난을 경험하게 된다. 혼자서 모든 경제적 문제를 해결해야 했기 때문이다.

[128] 알베르 카뮈, 『페스트』, p.443.

있는 것으로 보인다. 우선, 소설을 쓰면서 완벽한 표현을 추구하는 고통스러운 열정을 가진 그랑은 그대로 『페스트』를 비롯해 주옥같은 작품들을 집필하기 위해 긴 시간 고뇌했던 카뮈 자신의 분신이라고 할 수 있다. 또한 카뮈가 학창 시절에 시청 직원으로 아르바이트를 했다는 사실을 지적하자. 게다가 두드러지지는 않지만 성실하게 선량한 마음을 지닌 채 자원보건대의 자질구레한 일을 도맡아 하는 그랑의 모습에서 일찍부터 가난을 체험하고 자기 분수를 지키면서 살았던 카뮈의 모습을 볼 수는 없을까?

마지막으로 기자 랑베르는 어떤가? 카뮈는 2차 세계대전 중에 그 유명한 《콩바》지의 사설을 통해 프랑스인들의 레지스탕스Résistance 운동을 촉구했던 기자였다.[129] 카뮈는 또한 1939년에 아랍인들의 비참한 생활 조건을 폭로하기 위해 「카빌리의 빈곤」이라는 제목의 르포르타주를 쓴 적이 있다. 여기에 더해 카뮈는 '사랑'과 '행복'을 자신의 삶의 최우선 가치로 삼고 있다는 사실을 기회가 있을 때마다 지적하고 있다. 이 모든 것을 랑베르에게서 발견할 수 있지 않을까?

이와 같은 사실들은 그대로 의사 리유, 타루, 시청 서기 그랑, 기자 랑베르라는 자원보건대의 핵심 인물들 속에서 "한 덩어리로 뭉친 것은 카뮈 바로 그 자신"[130]이었다는 점을 분명하게 보여 준다. 또한 이것은 그대로 이들이 같은 뿌리에서 태어난 '형제들'이며, 이들

---

[129] 이기언은 『지성인 알베르 카뮈』에서 특히 카뮈의 언론인으로서의 위상과 중요성을 부각시키고 있다.

[130] 모르방 르베스크, 『알베르 카뮈를 찾아서: 태양과 역사』, 김화영 옮김, 나남, 1998, p.140.

이 한데 뭉쳐 페스트를 물리치기 위해 조직한 자원보건대는 그대로 아주 돈독한 형제애와 연대의식을 바탕으로 맺어진 '반항하는 우리'의 가장 훌륭한 예에 해당한다고 할 수 있을 것이다.

가장 아름다운 우정의 장면

우리는 자원보건대가 갖는 이와 같은 의의를 리유와 타루가 바다에서 함께 수영을 하는 장면과 리유가 페스트로 죽어 가는 타루를 끝까지 보살피는 장면에서[131] 확인할 수 있다. 특히 리유와 타루가 함께 수영하는 장면은 20세기 문학사상 가장 아름다운 장면으로 여겨진다. 반면에 리유가 타루의 임종을 지켜보는 장면은 가장 안타까운 장면이 아닐까 한다. 조금 길지만 이 두 장면을 인용해 보자.

> ― 우리들이 우정을 위해서 무엇을 하면 좋을지 아세요? 하고
> 그[타루]가 물었다.
> ― 좋으신 대로 합시다. 리유가 말했다.
> ― 해수욕을 하는 거죠. 미래의 성인에게 그것은 어울리는 쾌락
> 입니다. (…)
> 그들은 옷을 벗었다. 리유가 먼저 물에 몸을 던졌다. 처음에는

---

[131] 타루가 페스트로 죽는 장면에서 리유의 어머니의 헌신적인 노력도 돋보인다는 점을 지적하자.

차갑던 물이, 다시 떠올랐을 때는 미지근하게 느껴졌다. 몇 번 평영을 하고 나니, 그날 저녁 바다는 여러 달을 두고 축적된 열을 대지로부터 옮겨 받아 아직도 가을 바다의 따뜻한 온도를 그대로 가지고 있는 것을 알 수 있었다. 그는 규칙적으로 헤엄을 쳤다. 발을 풍덩거릴 때마다 그의 뒤에는 하얀 물거품이 남고, 두 팔을 따라 흘러내린 물이 다리로 흘렀다. 무겁게 풍덩 하는 소리로, 타루가 뛰어든 것을 알았다. 리유는 물 위에 드러누워서 움직이지 않고, 달과 별들로 가득 찬 하늘을 바라보았다. 그는 길게 숨을 쉬었다. 그러자 밤의 침묵과 고요 속에서 물 튀기는 소리가 신기하게도 점점 뚜렷하게 들려왔다. 타루가 가까이 오자, 이윽고 그의 숨소리까지 들리게 되었다. 리유는 몸을 뒤집어서, 자기 친구와 나란히 같은 리듬으로 헤엄을 쳤다. 타루는 그보다 더 힘차게 전진하고 있었다. 그래서 그는 좀 더 속력을 내야 했다. 몇 분 동안 그들은 같은 리듬, 같은 힘으로 세상을 멀리 떠나, 단둘이서 마침내 도시와 페스트에서 해방이 되어서 전진했다. 리유가 먼저 멈추었다. 그리고 그들은 천천히 되돌아왔다. (…)

그들은 다시 옷을 주워 입고, 말 한마디 입 밖에 내지 않는 채 발길을 돌렸다. 하지만 그들은 똑같은 심정이었고, 그날 밤의 추억은 달콤한 것이었다.[132]

132 알베르 카뮈, 『페스트』, pp.443-445.

정오가 되자 열은 절정에 달했다. 일종의 내장성 기침이 환자의 몸을 흔들었고 환자는 피를 토하기 시작했다. 임파선은 더 이상 부어오르지 않았다. 그러나 여전히 없어지지는 않고 관절의 오금마다 나사처럼 단단히 박혀 있어서 리유는 절제 수술이 불가능하다고 판단했다. 타루는 열과 기침 사이사이에 아직도 간간이 자기 벗들을 바라보는 것이었다. 마침내 눈을 뜨는 횟수도 드물어졌다. 그리고 햇빛 속에 드러난 황폐해진 그의 얼굴은 그때마다 더욱더 창백해졌다. 폭풍에 휩쓸린 그의 온몸은 발작적으로 경련하더니 이제는 그의 모습을 번쩍번쩍 비추던 번개도 점점 드물어졌고, 타루는 그 폭풍 속으로 서서히 표류해 가고 있었다. 리유 앞에는 미소가 사라진 채 이제는 무기력해져 버린 하나의 마스크밖에는 남은 것이 없었다. 그에게 그렇게도 친근했던 그 인간의 모습이, 지금은 창끝에 찔리고 초인간적인 악으로 불대워지고 하늘의 증오에 찬 온갖 바람에 주리 틀리면서 바로 그의 눈앞에서 페스트의 검은 물결 속으로 빠져 들어갔지만, 그로서는 이 난파를 막는 데 속수무책이었다. 그는 다시 한 번 빈손과 뒤틀리는 마음뿐, 무기도 처방도 없이 기슭에 머물러 있어야만 했다. 그리고 마침내 자신의 무력함을 한탄하는 눈물이 앞을 가려 리유는 타루가 갑자기 벽 쪽으로 돌아누워 마치 몸 한구석에서 가장 근원적인 어떤 줄 하나가 툭 끊어지기나 한 것처럼 힘없는 신음소리를 내며 숨을 거두는 것조차 보지 못했다.[133]

페스트 이후

『페스트』에서 페스트는 끝내 진압된다. 아니, 진압되기보다는 저절로 물러났다고 해야 옳을 것이다. 194*년 4월 창궐하기 시작했던 페스트는 여름에 절정에 이르고, 차가운 바람이 일기 시작하자 진정 국면에 접어들더니, 그 이듬해 2월에 종적을 감추게 된다. 리유는 이 작품의 화자 자격으로 페스트의 연대기를 마치면서 언제 다시 창궐할지 모르는 페스트에 대한 대비와 관리의 필요성을 강조하고 있다. 리유의 바람대로 다시는 이 지구상에 페스트로 상징되는 전쟁, 나치즘 등과 같은 악, 또는 진짜 질병이 발생하지 않아야 할 것이다.

시내에서 올라오는 환희의 외침소리에 귀를 기울이면서, 리유는 그러한 환희가 항상 위협을 받고 있다는 사실을 상기하고 있었다. 왜냐하면 그는 그 기쁨에 들떠 있는 군중이 모르고 있는 사실, 즉 페스트균은 결코 죽거나 소멸하지 않으며, 그 균은 수십 년간 가구나 옷가지들 속에 잠자고 있을 수가 있고, 방이나 지하실이나 트렁크나 손수건이나 낡은 서류 같은 것들 속에서 꾸준히 살아남아 있다가 아마 언젠가는 인간들에게 불행과 교훈을 가져다주기 위해서 또다시 저 쥐들을 흔들어 깨워 가지고 어느 행복한 도시로 그것들을 몰아넣어 거기서 죽게 할 날이 온다는 것을 알고 있었기

133 같은 책, pp. 482-483.

때문이다.[134]

  사르트르와 카뮈의 '친구-적' 관계의 또 다른 측면을 살펴보기 전
에 『페스트』의 자원보건대와 관련하여 다음과 같은 점을 지적하도
록 하자. 그것은 '우리'의 선재성에 대한 것이다. 앞서 지적한 것처
럼, 카뮈는 '나'의 존재의 존립 요건으로 '우리' 존재의 선재성을 주장
하고 있다. 그런데 『페스트』에서는 이와 같은 '우리'의 선재성이 제
한적으로만 드러나고 있는 것으로 보인다.

  우선, 앞서 살펴본 것처럼 오랑시의 시민들은 페스트 발병 이전
에는 이른바 '집렬체', 곧 반항하는 '우리' 이전의 상태로 있었다. 카
뮈에게서 반항하는 '우리'가 반항하는 모든 '나'의 집합체라면, 그 시
민들의 '집렬체' 상태는 참다운 의미에서의 '우리', 곧 반항하는 '우
리'가 아니라는 것은 분명하다. 디만 '우리'가 단순한 공동체, 즉 집
렬체와 같은 공동체를 의미한다면, 카뮈처럼 '우리'의 선재성을 주
장할 수도 있을 것이다. 하지만 '우리'가 반항하는 '우리'라면, 『페스
트』에서 자원보건대의 조직 이전에는 참다운 의미에서 반항하는 '우
리'의 선재성을 주장하는 것은 무리가 아닐까 한다.

  이 문제와 관련하여 『페스트』의 자원보건대에 아랍인들과 여성들
이 없다는 것은 의미심장하다. 이 작품의 배경이 되고 있는 오랑은
알제리의 도시이다. 오랑 시민들의 대부분은 알제리인들이다. 또한

---

[134] 같은 책, pp.506-507.

페스트가 질병이기 때문에 이 사태와 관련하여 의사들과 간호사들이 주된 역할을 담당할 것이다. 하지만 이 작품에는 아랍인들이 거의 등장하지 않고 있으며, 특히 자원보건대에 가입하여 활동하는 아랍인은 없다. 여기에 더해 여자 간호사[135]는 아예 등장하지도 않는다. 이런 사실은 『페스트』에서 반항하는 '우리'의 범위가 아주 제한적이라는 것을 보여 준다.

그런데 페스트가 발병하고 창궐하기 시작했을 때, 오랑 시민들 전체가 페스트에 반항하지 않았을까? 물론 그 방법과 양태는 다양할 것이다. 게다가 코다르Cottard와 같은 인물은 페스트를 자신의 이익을 챙기려는 기회로 여기기도 한다. 하지만 오랑 시민 대부분이 페스트에 대해 '아니오'라고 말하면서 반항을 했다고 할 수 있을 것이다. 그렇다면 반항하는 '우리'의 상징인 자원보건대에는 당연히 오랑 시민들 중 대다수를 차지하고 있는 아랍인들, 또 병원에서 간호 업무를 담당하는 여자 간호사들도 포함되어야 하지 않을까?

[135] 물론 병원에는 남자 간호사도 있다. 여기서 '여자 간호사'를 예로 든 것은 『페스트』에서 여자가 등장인물로 나오는 경우가 거의 없다는 사실을 강조하기 위한 것이다.

제3장

진보적 폭력과 목적-수단

Frenemy

1

유토피아와 좌파 신화

인류의 오랜 소원 중 하나가 '유토피아'의 건설이라는 점을 부인할 수 없다. 에덴 동산의 일화를 거론하지 않더라도 인류는 '실낙원 paradis perdu'을 영원히 기억하며 아쉬워할 것이다. 어쩌면 인류의 역사는 실낙원을 복원하려는 역사일지도 모를 일이다. 과거에 지구상에서 명멸했던 모든 나라들, 그 나라들을 통치했던 모든 지도자들, 그 나라들의 모든 국민들은 한결같이 유토피아의 건설을 최후의 목표로 내걸었을 것이다. 앞으로 역사를 이룩해 나갈 모든 주체들, 가령 국제기구, 국가, 크고 작은 집단, 개인 역시 이와 같은 소망 속에서 살아갈 것이다.

하지만 '유토피아'라는 단어가 보여 주듯이 그런 소망이 이루어질지는 미지수이다. 주지하다시피 '이상향'이라는 뜻을 가진 'utopia'는 어원적으로 그리스어 'oὐ' + 'τόπος'에서 유래했으며, '없는 곳'을 의미하기 때문이다. 유토피아는 현실에서는 존재하지 않는 장소이며, 따라서 그곳은 수많은 사람의 머릿속에서 상상으로만 존재할 뿐이다. 그런 만큼 그곳이 어떤 곳인지에 대한 의견의 불일치와 오해, 그곳에 도달하기 위한 수많은 시행착오가 있었던 것이다. 게다가 그곳에 도달하기 위한 수단과 방법을 고안해 내는 과정에서 인간들은 때로는 서로 뭉치고 의기투합했고, 또 때로는 서로 부딪쳐 싸우기도 했다는 것은 역사가 증명해 주고 있다.

20세기 중후반에 활발하게 활동했던 사르트르와 카뮈 역시 유토피아를 향한 소망과 바람을 공유했고, 또 그것을 실현하고자 노력하는 과정에서 정면으로 충돌했던 것으로 보인다. 그런데 두 사람의 그런 사상 및 의견의 공유와 충돌의 기저에는 20세기 중후반 서구 유럽뿐만 아니라 전 세계를 강타한 한 가지 사상의 흐름이 놓여 있다. 마르크스주의가 그것이다. 특히 2차 세계대전이 끝날 무렵에 마르크스주의를 주된 이념으로 삼았던 프랑스공산당, 즉 PCF는 프랑스인들로부터 압도적인 지지를 얻고 있었다. 그 당시에 PCF가 '좌파 신화'라고 할 정도로 종전 이후 프랑스의 제1의 정치세력으로 부상한[136] 데에는 대략 네 가지 이유가 있다.

---

[136] PCF는 1945년 10월 21일 선거에서 26.2%, 1946년 6월 21일 선거에서 25.9%, 1946년 11월 10일 선거에서 28.2%, 1951년 6월 17일 선거에서 26.9%의 지지를 얻었다. 이는 해방 이후 평균 프랑스 유권자 네 명 중 한 명이 PCF에 투표했다는 것을 의미한다(에릭 베르네르, 『폭력에서 전체주의로: 카뮈와 사르트르의 정치사상』, p.15, 주3 참조).

첫 번째 이유는 구소련이 2차 세계대전에서 프랑스가 승리하는 데 커다란 도움을 준 것이다. 미국의 도움도 컸지만, 프랑스인들은 오히려 구소련의 도움이 더 크다고 생각했다. 가령, 1944년에 시행된 한 여론조사에서 "어느 나라가 독일의 패배에 가장 커다란 기여를 했습니까"라는 질문에 응답자의 61%가 구소련이라고 답했고, 29%만이 미국이라고 답했다고 한다.[137]

두 번째 이유는 PCF의 레지스탕스 운동, 곧 대독저항운동이다. PCF는 빈틈없는 조직으로 유명하다. 당원들끼리 거의 점조직에 가까운 촘촘한 관계를 유지함으로써 비밀 유지, 정보 관리, 기민한 활동 등을 효율적으로 수행할 수 있었다. 이런 조직력을 바탕으로 PCF는 체포되어 처형당할 위험이 항상 도사리고 있는 레지스탕스 운동에서 탁월한 성과를 얻게 된다. 물론 그런 성과에도 불구하고 수많은 인명 피해가 있었다. PCF는 "총살당한 자들의 당Parti des fusillés"[138]으로 지칭되었다. 실제로 레지스탕스 운동에서 PCF당원 75,000여 명이 살해되었다. 그러니까 PCF는 레지스탕스 운동으로 확실한 도덕적 정당성을 얻고 있었다.

이런 신화에 마르크스주의가 표방하는 이른바 계급 철폐의 신화가 더해졌을 것이다. 2차 세계대전으로 인해 경제적 삶의 궁핍화가

---

[137] Pascal Ory & Jean-François Sirinelli, *Les Intellectuels en France, de l'Affaire Dreyfus à nos jours*, Armand Colin, 1986, p.151.

[138] David Caute, *Le Communisme et les intellectuels français, 1914-1966*, Gallimard, 1967, p.190.

심화되는 과정에서 이른바 무산계급의 해방론을 펼치고 있는 마르크스주의가 수많은 프랑스인들은 물론, 이른바 좌파 지식인들의 관심을 끌었다. 이것이 세 번째 이유이다. 네 번째 이유는 '철의 장막'으로 인해 냉전이 한창일 때 마르크스주의에 기반한 구소련의 국내 정치 상황이 외부로 알려지지 않았다는 사실이다. 특히 이 나라에서 자행되었던 숙청 등과 같은 정치적 폭력 행위가 일체 베일에 가려져 있었던 것이다. 거기에 더해 냉전의 초기에는 구소련의 경제 성장이 미국의 그것을 능가하기도 했다는 점을 덧붙이자.

이런 사실들이 종합적으로 반영되어 그 당시 프랑스에서의 좌파 신화로 이어졌다고 할 수 있다. 20세기 프랑스를 대표하는 지식인 중 한 명인 우파 지식인 아롱은 『지식인의 아편*L'Opium des intellectuels*』에서 프랑스 좌파 지식인들의 신화를 낱낱이 파헤치면서 통렬한 비판을 하고 있다. 좌파 지식인들이 마르크스주의의 해악을 제대로 이해하지 못하고 '마르크스주의'라는 '아편'에 심하게 중독되어[139] 이념적으로 도취되었다고 말이다.[140]

이처럼 프랑스를 지배했던 마르크스주의에 기초한 좌파 신화는 또한 '혁명 신화'이기도 하다. 프랑스 대혁명 이래로 지배세력으로서의 자리를 굳힌 부르주아계급에 대한 프롤레타리아계급의 투쟁

---

139 레이몽 아롱, 『지식인의 아편』, 안병욱 옮김, 삼육출판사, 1986 참조.
140 종전 이후 프랑스 지식인들의 마르크스주의, 공산주의, 구소련에 대한 도취에 대해서는 H. S. 휴즈, 『현대 프랑스 지성사: 차단된 통로—절망의 시대에 있어서의 사회사상』, 김병익 옮김, 문학과지성사, 1981, p.164 참조.

을 통한 혁명이 그것이다. 일반적으로 혁명에는 '폭력'이 수반된다. 하지만 마르크스주의를 신봉하는 자들은 혁명에 수반되는 폭력을 정당화하고자 한다. 과연 혁명의 완수라는 '목적'을 위해 폭력이라는 '수단'의 사용은 정당화될 수 있는가? 만약 정당화될 수 있다면, 그 근거는 무엇인가?

1951년 카뮈의 『반항하는 인간』의 출간 이후, 사르트르와 카뮈는 이와 같은 문제를 두고 정면으로 충돌했던 것으로 보인다. 여기서는 혁명에서의 폭력 사용의 문제와 거기에 수반되는 '목적-수단'의 문제를 중심으로 사르트르와 카뮈가 친구에서 영원히 적이 되어 버린 과정과 직접적인 이유를 살펴보고자 한다. 이를 위해 앞서 살펴본 그들 각자의 대타관과 공동체 이론을 염두에 두고서 사르트르의 시나리오 『톱니바퀴』와 카뮈의 극작품 『정의의 사람들』을 살펴보고자 한다.

2

진보적 폭력과 목적-수단의 문제

진보적 폭력

'진보적 폭력' 개념을 주창한 사람은 사르트르도 카뮈도 아니다.

이 개념을 주창한 장본인은 바로 메를로퐁티이다. 메를로퐁티는 사르트르와 카뮈의 친구였고, 특히 사르트르와 1941년에 '사회주의와 자유Socialisme et Liberté'를 조직하여 레지스탕스 운동을 같이하기도 했다. 또한 사르트르 등과 더불어 《현대Les Temps modernes》지를 창간함으로써 2차 세계대전 이후 피폐화되었던 프랑스인들의 정신적 측면에서의 재건을 위해 중요한 역할을 하기도 했다.

메를로퐁티의 정치적 입장은 좌파였으며, 그것도 사르트르보다 더 급진적인 좌파였다. 메를로퐁티가 1961년 갑작스럽게 세상을 떠났을 때, 그를 추모하는 글에서 사르트르는 메를로퐁티, 그 자신, 카뮈, 아롱의 이념적 자리를 규정한 바 있다. 그에 따르면 메를로퐁티가 제일 왼쪽, 그다음에 사르트르 자신, 그다음에 카뮈, 그리고 제일 오른쪽에 아롱이 있다는 것이다.[141] 하지만 이와 같은 메를로퐁티의 입징은 1950년에 발발한 한국전쟁을 계기로 급변해 그 스스로 비공산주의자a-communiste가 된다. 그로 인해 메를로퐁티와 사르트르 사이에 균열이 가게 되며, 그들 역시 '친구-적' 관계의 또 하나의 전형으로 남게 된다.[142] 어쨌든 한 가지 분명한 것은 메를로퐁티가 진보적 폭력 개념의 주창자라는 사실이다.

[141] 장 폴 사르트르, 『시대의 초상: 사르트르가 만난 전환기의 사람들』, 윤정임 옮김, 생각의 나무, 2009, p.251.

[142] 강미라, 『사르트르 vs 메를로퐁티』, 세창출판사, 2018; 정명환 외 3인, 『프랑스 지식인들과 한국전쟁』, 민음사, 2004, pp.89-154(제2장 사르트르와 메를로퐁티의 이념 논쟁과 한국전쟁) 참조.

그렇다면 진보적 폭력은 어떤 의미를 가지고 있을까? 메를로퐁티는 1947년에 출간된 『휴머니즘과 공포Humanisme et terreur』에서 이 개념을 제시하고 있다. 그에 의하면 지구상에 존재하는 모든 정치 체제는 폭력으로부터 자유로울 수가 없다. 미국을 비롯한 서구 유럽의 여러 나라에서 채택된 자유주의 체제든, 아니면 구소련을 비롯한 동유럽의 여러 나라에서 채택된 마르크스주의에 입각한 공산주의 체제든 간에, 모든 정치 체제에서 폭력이 자행된다는 것이다. 특히 메를로퐁티는 자유주의 체제 아래에서는 폭력이 자행되는 사실을 숨김으로써 대중들을 속이는, 이른바 신비화의 전략을 사용한다고 주장한다.[143]

그렇다면 자유주의와 공산주의를 비교하는 것은 무의미할 것이다. 왜냐하면 폭력의 사용이라는 관점에서 보면 이 두 체제 사이에는 아무런 차이가 없기 때문이다. 그럼에도 메를로퐁티는 마르크스주의를 신봉하는 구소련 쪽으로 기운다. 어떤 이유에서일까? 바로 거기에 진보적 폭력 개념이 자리한다. 메를로퐁티에 따르면, 혁명에 수반되는 폭력은 그것이 미래에 보다 나은 사회를 건설하는 데 기여하는가의 여부에 따라 평가되어야 한다. 다시 말해 폭력이 미래에 참다운 의미에서 인간적인 관계를 창출하고, 그 결과 휴머니즘의 도래를 가능케 하는가의 여부로 평가되어야 한다는 것이다. 요

---

[143] Maurice Merleau-Ponty, *Humanisme et terreur : Essai sur le problème communiste*, Gallimard, 1980(1947), pp.39-40.

컨대 이 폭력이 '진보적'인가를 따져 볼 필요가 있는 것이다.

(…) 문제는 사람들이 폭력을 받아들이는지 거부하는지를 아는 것이 아니라, 사용되는 폭력이 '진보적'인 것인지, 그리고 폭력 스스로가 제거될 수 있는 것인지 아니면 영속적인 것인지를 아는 데에 있다. 결국 결정을 내리기 위해서는 범죄를 그 자체로서, 사람들이 '순수한' 것이라고 잘못 생각하는 도덕에 따라서 판단하지 않고, 상황의 논리와 한 체제의 역동성, 역사적 총체성 안에서 판단해야 한다.[144]

우리는 순수함과 폭력 사이에서 선택을 해야 하는 것이 아니라 서로 다른 종류의 폭력들 사이에서 선택을 해야 한다. 유혹이 없는, 다시 말해 경멸이 동반되지 않는 설득은 없다. 폭력은 처음부터 모든 체제에 공통적인 상황이다. 삶과 토의, 그리고 정치적 선택은 오직 폭력이라는 기반 위에서만 이루어질 수 있다. 중요한 것, 즉 논의해야 하는 것은 따라서 폭력이 아니라 그것의 의미와 미래이다. 현재에서 미래로 뛰어넘고, 나에게서 타인에게로 뛰어넘는 것이 곧 인간 행동의 법칙인 것이다.[145]

---

144 같은 책, pp.83-84.
145 같은 책, p.213.

사르트르는 이와 같은 의미를 가진 진보적 폭력을 옹호하면서 그 나름대로 '필요한 폭력violence nécessaire'과 '무용한 폭력violence inutile'을 구분하고 있다. 필요한 폭력이 진보적 폭력에 해당한다.

> (…) 작가는 폭력을 선험적으로 비난해서는 안 된다. 오히려 그 것을 수단으로 생각하면서 그러한 수단의 범주 내에서 비난을 가해야 한다. 특히 중요한 것은 폭력을 일반적이고도 추상적으로 비난하는 것이 아니라 각각의 경우에서 필수불가결한 폭력을 최소화하도록 노력해야 하는 것이다. 오늘날에는 폭력 없이는 아무것도 할 수 없으며, 모든 것이 폭력이다. 따라서 문제는 모든 폭력을 비난하는 것이 아니라 무용한 폭력을 비난하는 것이다.[146]

'목적-수단'의 관계

이와 같은 의미를 가진 진보적 폭력 개념을 둘러싼 논의의 이면은 바로 '목적-수단'의 관계이다. 그러니까 메를로퐁티는 진보적 폭력을 주장하면서 미래의 유토피아 건설이라는 목적, 곧 대의명분이 정당하다면, 그런 목적을 가능케 하는 모든 수단의 사용이 정당화될 수 있다는 논리를 펴고 있는 것이다. 물론 거기에는 폭력도 포

---

[146] Jean-Paul Sartre, "La Responsabilité de l'écrivain", *Les Conférences de l'UNESCO*, Fontaine, 1947, p.71(Michel Contat & Michel Rybalka, *Les Ecrits de Sartre*, Gallimard, 1970, p.157에서 재인용).

함된다. 다만 여기서 한 가지 주의할 점은, 앞서 언급한 것처럼 진보적 폭력이 '작은 폭력'으로 이해된다는 점이다. 그러니까 계급 간의 불평등, 갈등, 투쟁 등과 같은 '큰 폭력'이 없는 이상적인 정치 공동체를 미래에 건설하기 위해 지금, 여기서 자행되는 작은 폭력, 가령 정적政敵에 대한 테러 등과 같은 수단이 정당화될 수 있다는 것이다. 어쨌든 목적이 정당하다면 거기에 이르는 모든 수단이 정당화된다는 논리는 지극히 현실주의적인 입장이라고 할 수 있다.

하지만 거기에는 두 가지 문제가 따른다. 하나는 목적이 정당하다는 것을 누가 결정하느냐의 문제이다. 그런 결정은 당연히 주관적인 판단에 의해 이루어질 것이다. 그런 만큼 같은 목적이라도 보는 관점에 따라 정당할 수도 있고 그렇지 않을 수도 있다. 이와 같은 자의적인 판단의 가능성은 악용될 소지가 크다고 할 수 있다. 다른 하나는 목적 달성을 위해 모든 수단이 정당화된다고 해도, 미래 차원에서 그 목적이 반드시 이루어진다는 보장이 없다는 것이다. 미래에 이루어질 일을 어떻게 지금, 여기에서 보증할 수 있겠는가?

그다음으로 '목적-수단'의 관계에서 목적이 정당해야 하고, 그 목적을 이루는 수단도 정당해야 한다는 주장도 있다. 이런 경우에는 아무리 진보적이라고 해도 폭력의 사용이 극히 제한될 수밖에 없을 것이다. 물론 경우에 따라 폭력 자체의 사용이 아예 배제될 수도 있다. 하지만 이 경우에도 문제가 없지 않다. 특히 목적 달성이 어려운 경우, 가령 기존폭력을 분쇄해야 하는 긴급한 혁명적 상황에서 과연 정당한 수단만을 강구한다면, 혁명의 효율성을 크게 떨어뜨릴 수 있을 것이다. 또한 정당한 수단만을 추구할 경우, 냉혹한 현실과는 동떨어진 관념적인 투쟁에만 그쳐 혁명의 기회를 놓칠 가능성도 없지 않을 것이다.

1951년에 『반항하는 인간』이 출간되고 난 뒤에 본격화된 사르트르와 카뮈를 둘러싼 이념적 논쟁의 기저에는 이와 같은 진보적 폭력과 '목적-수단'의 관계 문제가 놓여 있는 것으로 보인다. 이제 사르트르의 『톱니바퀴』와 카뮈의 『정의의 사람들』을 중심으로 이와 같은 문제가 어떻게 문학적으로 형상화되었는가를 살펴볼 것이다. 그렇게 함으로써 두 사람의 '친구-적' 관계의 비밀을 풀 수 있는 가장 중요한 퍼즐 조각을 맞춰 보기로 하자.

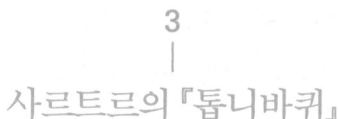

3
사르트르의 『톱니바퀴』

시나리오 『톱니바퀴』

사르트르의 시나리오 『톱니바퀴』와 카뮈의 극작품 『정의의 사람들』 사이에는 장르의 차이가 있어 비교가 용이하지만은 않다. 하지만 두 작품 사이에는 비슷한 점이 없지 않다. 두 작품이 각각 1946년, 1949년에 집필되었다는 점, 그 배경이 모두 긴박한 혁명적 상황이라는 점이다. 또한 두 작품에서는 기존폭력에 대한 저항에서 문학, 곧 쓰기 행위acte d'écrire의 기능이 언급되고 있기도 하다.

하지만 이와 같은 유사점에도 불구하고 두 작품은 '폭력'의 사용, 특히 진보적 폭력의 사용에서 큰 차이점을 보여 주고 있다. 실제로 이런 차이점으로 인해 사르트르와 카뮈의 관계는 적대적 관계로 치닫는다. 게다가 『톱니바퀴』의 주요 인물인 장Jean과 뤼시앵Lucien, 그리고 『정의의 사람들』의 주요 인물인 스테판Stepan과 칼리아에프Kaliayev는 각각 여러 면에서 '사르트르'와 '카뮈'를 대변한다고 할 수 있다.

먼저 사르트르의 『톱니바퀴』를 보자. 1946년에 집필된 이 작품의 원래 제목은 '더러운 손Les Mains sales'이었다. 하지만 이 제목은 『톱니바퀴』보다 2년 후에 집필된 극작품의 제목으로 결정되었다.[147] 사르트르는 『톱니바퀴』의 집필 의도 중 하나로 강대국들의 틈바구니에 끼여 고통을 겪는 작은 원유산출국의 비극적 운명을 그리고자 했다고 밝히고 있다. 그 결과 이 나라는 세계 유업 분야에서 3위를 차지하고 있는 나라로 그려지고 있다.

이 나라는 발칸 반도에 위치하고 2차 세계대전 전 독일의 국경에 위치한 한 나라일 수도 있으며(예컨대 원유는 생산하지 않지만 옛 체코슬로바키아와 같은 나라), 또한 라틴 아메리카에서 미국에 종속된 한 나라(가령 쿠바와 같은 나라)일 수도 있다고 사르트르 자신이 밝힌 바 있

[147] 1946년에 처음 공연된 『더러운 손』을 가리킨다.

다.[148] 어쨌든『톱니바퀴』의 배경이 되고 있는 나라는 식민 지배를 경험한 제3세계에 속하는 한 나라로 간주해도 무방할 것이다.

『톱니바퀴』는 7년의 간격을 두고 발발하는 두 혁명에 대한 이야기를 주요 내용으로 하고 있다. 이 작품은 장의 체포와 그에 대한 재판으로 시작된다. 장은 7년 전에 유업에 종사하는 노동자들이 중심이 된 1차 혁명의 지휘자로 정권 탈취에 성공한 인물이다. 하지만 정권 장악 후에 '폭군'으로 낙인찍혀 지금 재판을 받고 있다. 2차 혁명에서 혁명군을 이끈 프랑수아François가 정부를 전복시키고 장을 체포한 것이다. 장에 대한 재판은 형식적인 절차에 불과하며, 장에게 사형 선고가 내려질 것이 거의 확실하다. 실제로 그는 사형 선고를 받는다.

『톱니바퀴』의 내용은 이처럼 간단하다. 하지만 이 작품은 사르트르 폭력론의 정수를 보여 준다 하겠다. 우선, 이 작품에서는 기존폭력에 대항하기 위한 수단으로 순수대항폭력과 쓰기 행위(문학) 또는 언어적 대항폭력contre-violence verbale이 제시되고 있다. 이것은 그대로 사르트르가 꿈꾸었던 유토피아에 이르는 두 개의 길로 여겨진다. 또한 이 작품은 폭력에 의한 융화집단의 형성, 서약과 동지애-공포의 문제, 진보적 폭력과 '목적-수단'의 문제 등을 명확하게 보여 주고 있는 것으로 생각된다. 그런데 그 과정은 특히 카뮈가『반항하는 인간』에서 폭력적 혁명을 거부하고 집단적 반항 쪽으로 기우는 것

[148] Michel Contat & Michel Rybalka, *Les Ecrits de Sartre*, p.186.

과 극명한 대조를 이루고 있다.

벵가의 죽음

『톱니바퀴』에서 장이 주도한 1차 혁명이 일어나기 직전의 상황은 '삶과 죽음'이 문제시되는, '불가능한 삶을 영위하는 것'이 더 이상 불가능한 극단적인 상황이다. 이 작품의 배경이 되고 있는 나라는 내적, 외적 모순으로 인해 기근, 억압, 폭력에 시달리고 있다. 내적 모순은 유산계급과 무산계급 사이의 극렬한 대립에서 기인한다. 원유 생산국임에도 불구하고 국부國富가 국민에게 고루 분배되지 않고 있다. 그로 인해 두 계급은 항상 갈등과 투쟁 상태에 있다.

또한 이 나라의 외적 모순은 주변 강대국에 의한 강압과 위협, 그리고 원유의 강제적 수탈이다. 이 나라의 지도자와 정부가 바뀔 때마다 강대국은 자국의 이익을 위해 이 나라를 직간접적으로 위협하고 압박해 왔다. 강대국은 이 나라에서 채굴되는 다량의 원유를 거의 강제적으로 수탈해 가고 있다. 이 나라의 위정자들과 유산계급에 속하는 자들은 강대국의 그런 위협과 억압에 굴복하는 한편, 자신들의 이익을 지키기 위해 무산계급에 속하는 자들을 억압하고 착취하고 있다. 요컨대 이 나라는 이와 같은 내부, 외부의 모순으로 인해 기존폭력이 지배하는 지옥과도 같은 상황에 처해 있다.

이처럼 기존폭력이 모든 곳에 퍼져 있는 상황을 타파한다는 대의명분을 내걸고 장은 순수대항폭력에 호소하고자 한다.

비참함! 폭력! 폭력에 대항하여 나는 단 하나의 무기만을 볼 뿐이네. 폭력일세![149]

하지만 장은 개인적으로 폭력을 혐오한다. 그는 '손을 더럽히고 salir les mains' 싶지 않은 강한 의지를 가지고 있다.[150] 그럼에도 장은 조국을 뒤덮고 있는 폭력에서 벗어날 목적으로 순수대항폭력에 호소하기로 결심한다. 그는 종국에 혁명을 일으킨다.

그런데 이와 같은 혁명에는 막대한 물적 피해와 인명 피해가 수반된다. 물론 『톱니바퀴』에서 장이 혁명을 통해 달성하고자 하는 목표는 객관적으로 정당하다. 왜냐하면 그의 목표는 조국이 직면한 내적, 외적 모순을 타파하고 모든 국민이 행복할 수 있는 이상적인 국가를 세우는 것이기 때문이다. 다만 문제는, 이와 같은 목적을 달성하기 위한 수단을 강구하는 과정에서 장이 폭력을 포함해 모든 수단을 정당화하고자 한다는 데 있다.

그 한 예가 벵가Benga의 살해이다. 『톱니바퀴』에서 벵가는 장에 의해 살해된다. 살해의 목적은 당연히 혁명의 성공적 수행이다. 그리고 벵가는 이런 목적을 위해 희생당한 것이다. 벵가의 살해는 진보적 폭력의 전형적인 한 예로 보이며, '목적-수단'의 문제와도 밀접하게 연결되어 있는 것으로 보인다. 또한 벵가의 죽음은 앞 장에서 살

[149] Jean-Paul Sartre, *L'Engrenage*, Nagel, 1962, p.159.
[150] 같은 책, pp.165, 168-169, 173.

퍼본 '서약', 곧 '동지애-공포'의 한 예로 보인다. 장이 벵가를 살해하게 된 이유와 과정을 보자.

장이 벵가를 살해한 데는 두 가지 이유가 있다. 개인적인 이유와 집단적인 이유가 그것이다. 물론 여기서는 집단적 이유가 훨씬 더 중요하다. 하지만 개인적 이유와 집단적 이유가 한데 섞여 있는 것으로 보인다. 장이 벵가를 살해한 개인적인 이유는 우정 때문이다. 그런데 이 우정은 서약, 동지애-공포 등과 밀접하게 연결된 우정이다. 그렇다면 장은 누구에 대한 우정으로 벵가를 살해하는가? 친구인 뤼시앵에 대한 우정이다.

장과 뤼시앵은 13년 전에 한 유대인 잡화상 가게 앞에서 우연히 만나 친구가 된 사이이다. 그 당시에 나라 전체를 휩쓸고 있던 가난과 기근 등으로 인해 많은 사람이 잡화상 앞에 줄을 서서 기다리는 상황이었다. 유대인 가게 주인은 물품이 없다는 공고문을 내걸기 일쑤였고, 그럴 때마다 불만에 가득 찬 사람들에게 봉변을 당하곤 했다. 이런 상황은 2차 세계대전 발발 전에 유대인을 희생양으로 삼았던 상황과 비슷하다.

장과 뤼시앵이 처음으로 만나는 날의 상황도 그와 비슷했다. 유대인 가게 주인이 노동자들에게 봉변을 당하는 상황에서 뤼시앵이 그를 구하려 이렇게 외치면서 뛰어들었다. "동지들, 유대인과 아리안족이 따로 있는 게 아니오. 가난한 사람들과 피착취자들이 있는 것이오!"[151] 뤼시앵과 노동자들 사이에 싸움이 벌어졌다. 뤼시앵이 힘에 부쳐 불리한 상황에 몰리자 장과 그의 친구들이 개입해 뤼시앵과 유대인 가게 주인을 구하고자 했다. 하지만 그때 총이 발사되고 유대인이 죽게 되는 사건이 발생했다. 그 사건을 수습하는 과정에서 장과 뤼시앵은 친구가 된 것이다. 그 당시 장은 이미 혁명 조직에 가담해 활동하고 있었고, 뤼시앵은 글을 쓰는 작가였다.

장과 뤼시앵은 1차 혁명이 발발하기 전에 있었던 노동자들의 총파업에 가담했다. 1차 혁명 발발 3년 전의 일이다. 그 당시에 총파업을 주도했던 인물은 급진파 벵가였다. 하지만 그가 주도하던 총파업은 실패로 끝나고 만다. 장과 뤼시앵 등은 당국의 체포를 피해 겨우 목숨을 부지한 채 숨어서 지내는 처지가 되었다. 총파업 후 1년이 지나 정부가 총사면령을 내릴 때까지 그들은 잠적 생활을 계속해야 했다. 반면, 총파업을 주도했던 벵가는 정부의 협상 조건을 수락하고 다시 정상적으로 일을 하게 된다.

그 이후 장, 뤼시앵, 벵가 등은 다시 뭉쳐 혁명준비위원회를 조직하고 비밀리에 활동하게 된다. 총파업의 실패를 교훈 삼아 이번에는 조직을 더 강화하고, 보안에 더 신경을 쓰면서 혁명과 총파업을 동시에 일으키겠다는 전략을 수립했다. 이번 혁명을 준비하는 실질적인 지도자는 장이었다. 하지만 장은 벵가를 의심하게 된다. 총파업 실패 후에 벵가만이 체포되지 않았었다. 그의 책상에서 비밀 메모가 발견되기도 했다. 또한 1차 혁명을 준비하는 과정에서 비밀 만남에 대한 정보가 새어 나가는 경우도 있었다. 벵가를 의심하기에

---

151 같은 책, p.161.

충분한 증거들이다. 그 결과, 혁명준비위원회는 벵가를 배신자로 규정하고 그를 처형하기로 결정한다. 혁명 조직 전체의 운명이 문제가 되기 때문이다

그렇다면 누가 벵가를 처단할 것인가? 제비뽑기로 결정하게 되었다. 그런데 그 임무가 공교롭게도 장의 둘도 없는 친구인 뤼시앵에게 맡겨지게 된다. 뤼시앵은 반反폭력주의자이다. 그는 평생 폭력 행위에 연루된 적이 없다. 그는 늘 이렇게 말하곤 했다. "그 어떤 승리도 단 한 명의 죽음보다 더 값지지 않다."[152] 그러니까 그는 끝까지 "깨끗한 손mains propres"을 갖고자 했던 것이다.[153]

또한 뤼시앵은 폭력의 악순환을 경계한다. 폭력은 항상 다른 폭력을 부른다는 것이다. 그래서 그는 기존폭력에 맞서기 위해 폭력 대신 '펜'을, 곧 '쓰기 행위'를 선택한다. 장이 뤼시앵에게 이렇게 물은 적이 있다. "그러면 지넨 어떤 수단을 이용할 건데?" 뤼시앵의 답은 이렇다. "모든 수단. 책! 신문! 연극!"[154] 또 다른 기회에 뤼시앵은 이렇게 말하기도 한다. "나는 폭력에 내 방식대로 투쟁하길 원해. 나는 행동하는 인간이 아닐세. 나는 글을 쓰네. 나는 내 펜으로 폭력을 고발할 걸세."[155] 이런 뤼시앵이기 때문에, 결국 장이 그를 대신해 벵가를 죽이는 일을 맡게 된다.

[152] 같은 책, p.104.
[153] 같은 곳.
[154] 같은 책, p.162.
[155] 같은 책, p.115.

벵가가 살해당하고 한 달 후에 그가 배신자가 아닌 것으로 드러났다. 그러니까 그는 무고하게 죽은 것이다. 하지만 장은 이런 사실을 알고서도 덤덤하게 말한다. 벵가는 죽었어야 한다고 말이다. 장의 이와 같은 확신의 근거는 무엇일까? 그 답이 바로 '진보적 폭력', '목적-수단'의 문제, 서약, '동지애-공포' 개념과 밀접하게 연결되어 있는 것으로 보인다.

우선, 벵가의 죽음은 진보적 폭력에 해당한다. 장이 뤼시앵을 대신해서 벵가를 죽인 것은 오직 1차 혁명을 성공적으로 완수하기 위함이었다. 그러니까 미래에 도래할 보다 나은 세상의 건설을 위해 벵가가 살해당한 것이다. 이처럼 벵가의 죽음은 큰 폭력을 미연에 방지하기 위한 작은 폭력이기도 하다. 또한 장을 비롯해 혁명을 위한 조직을 중요시하는 자들의 시각에서 보면 벵가의 죽음은 '목적-수단'의 문제에서 순수하고 정당한 목적을 위해 동원된 정당한 수단이기도 하다.

그다음으로 벵가의 죽음은 서약 위반자에 대한 처형이며, 그런 만큼 동지애-공포에 해당한다. 물론 『톱니바퀴』에서 벵가가 다른 동지들 앞에서 서약을 하는 장면은 나오지 않는다. 하지만 혁명을 준비하는 과정에서 장을 비롯해 뤼시앵, 벵가 등 혁명위원회의 모든 구성원들이 서로를 배신하지 않겠다고 이미 굳게 서약했을 것이라는 점은 분명하다. 요컨대 장은 벵가의 죽음을 두고 그가 적과의 전투 중에 죽은 것으로 정리해 버린다.

혁명준비위원회가 소집되었다. (…)

— 그래서? 랑제가 말했다. 그[벵가]가 무죄였다고?

델페쉬는 머리를 끄덕여 '그렇다'고 했다. 모든 사람들이 한동안 침묵을 지켰다. 뤼시앵은 성한 팔로 태평스럽게 담배를 말고 있는 장을 고통스러운 분노의 감정을 바라보고 있다.

— 우리는… 뤼시앵이 말을 더듬는다. 우리는…

— 우리가 한 일을 후회할 필요가 없네. 장은 뤼시앵을 정면으로 쳐다보며 말한다.

— 우리가 알고 있는 정보와 우리를 내리누르는 위험을 고려하면, 달리 행동할 방법이 없었고, 또 우리가 달리 행동했다면 조직에 죄를 지었을 것이네. 벵가는 전투 중에 죽은 것이네. 이번 일을 이렇게 정리하는 데 다들 동의하는가?[156]

뤼시앵의 죽음

벵가의 죽음을 비롯해 수많은 인명 피해와 물적 피해라는 큰 대가를 치르고서 장이 주도했던 1차 혁명은 성공했다. 하지만 문제는 장 스스로 말하고 있는 바와 같이 혁명 상태를 존속시키는 것이었다. 이것은 사르트르가 『변증법적 이성비판』에서 융화집단이 형성되고 난 뒤에 그 구성원들 전체의 서약을 바탕으로 이 집단을 유지

---

[156] 같은 책, p.129.

하는 것과 같은 차원이다.

실제로 장이 정권을 장악하자마자 강대국의 대사 코트Cott가 그를 방문한다. 코트의 방문 목적은 간단하다. 자국의 원유 채굴권을 현 상태로 유지해 달라는 것이다. 만약 채굴권을 현 상태로 유지시키지 않으면 그것을 "개전 이유casus belli"로 간주하겠다고 장을 협박한다.[157] 또한 코트는 국경에 자국의 군대가 집결되어 있다는 사실도 알린다. 장은 어쩔 수 없이 그의 요구를 받아들일 수밖에 없다. 약소국의 운명이자 아픔이다. 사르트르는 장의 이런 아픔을 위스키를 통해 보여 주고 있다. 『톱니바퀴』에서 장은 강대국들의 대사를 접견하고 나서부터 위스키를 마시기 시작한다.

장은 통치를 하면서 두 가지 전략을 편다. 하나는 강대국들의 강요를 받아들이면서 외적 모순으로 인해 나라가 크게 위협받는 상황을 모면하는 것이다. 그의 조국의 힘이 너무 약하기 때문이다. 다른 하나는 그동안 혁명의 정신을 이어 가면서 국력을 신장시키는 것이다. 이를 위해 장은 제일 먼저 낙후된 농촌을 현대화하고자 한다. 조사팀을 파견하고 조속한 시일 내에 기계화를 추진하기로 결정한다. 하지만 아직 기계화를 시행하는 것이 시기상조라는 반대 의견도 만만치 않다.

장은 특히 뢰시앵의 강한 반대에 부딪힌다. 앞서 살펴본 것처럼 뢰시앵은 폭력을 극구 싫어한다. 그런 만큼 그는 벵가를 살해하지

---

[157] 같은 책, pp.176-177.

도 못했다. 또한 1차 혁명의 준비가 한창일 때조차도 뤼시앵은 장을 돕지 못하겠다는 의견을 피력한다. 그러니까 혁명에 참여하지 않겠다는 것이다. 하지만 장은 혁명 후에 그 자신이 폭력을 행사하면서 폭군으로 변해 갈 경우, 뤼시앵에게 그 자신을 비판해 달라고 부탁한다. 뤼시앵은 장의 부탁을 들어주면서 혁명 동지가 된다. 그러니까 장은 뤼시앵에게 그의 "양심conscience", 즉 비판의 거울이 되어 달라는 부탁을 했던 것이다.

> 그[장]는 뤼시앵을 거의 애원하는 듯이 쳐다보며 말을 잇는다.
> — 우리와 함께 가세, 뤼시앵. 난 자네에게 단 한 가지만 요구하네. 우리가 부당하거나 유혈이 낭자한 수단을 사용하려고 할 때, 자네가 우리 곁에서 이렇게 말하는 걸세. "그만해." 자네만이 유일하게 그렇게 할 수 있네. 왜냐하면 자넨 순수하니까.
> — 엘렌은 아이로니컬한 태도를 다시 취했다. 하지만 그녀는 감동해서 이렇게 말했다.
> — 결국 뤼시앵이 당신의 양심이 되는 거네요?
> — 이를테면 그렇지. 받아들이겠는가, 뤼시앵?
> 뤼시앵은 해방된 듯한 표정으로 장을 바라본다.
> — 그렇게라면 받아들이겠네![158]

---

[158] 같은 책, p.116.

1차 혁명 성공 후에 뤼시앵은 신문《빛 *La Lumière*》지를 통해 예리한 필봉을 휘두르며 장의 정책을 강하게 비판한다. 그런 만큼 혁명 후에 장과 뤼시앵의 충돌은 불가피하다. 왜냐하면 혁명이 성공한 후에, 혁명 정부를 유지하는 과정에서 장은 점차 폭군으로 변해 가며, 혁명 전의 상황과 유사한 상황을 반복하기 때문이다. 앞서 언급한 농촌의 성급한 현대화 추진이 하나의 예이다. 장은 여러 차례에 걸쳐 뤼시앵을 설득하고자 한다. 하지만 뤼시앵은 그의 의지를 굽히지 않는다. 뤼시앵은 감옥에 갇히고, 결국 그곳에서 죽음을 맞이하게 된다.[159] 또 하나의 비극이다.

이 단계에서 다음과 같은 질문이 제기된다. 장은 왜 뤼시앵을 감옥에 가두었을까? 이 질문에 대한 답은 죽음을 앞둔 뤼시앵을 마지막으로 만나면서 화해를 청하는 장의 입을 통해 들을 수 있다.

> 난 5년을 버티려고 했네. 내 후계자들도 내 정책 이외의 다른 정책을 펼 수가 없을 걸세. 단지 혁명만 살아남을 거야. (…) 정의를 실현하려 하지 않으면서 그것에 대해 말한들 무슨 소용 있겠는가? (…) 자넨 내가 절망했다고 생각하는가? 난 모든 걸 짊어졌네. 모든 살인과 심지어는 자네의 죽음까지. 그리고 난 내가 무섭네. (…) 순수하게 남아 있으려고 한 게 나쁜가? 난, 난 그렇게 생각하지 않네. 자네와 같은 사람들, 나와 같은 사람들이 있어야 한다고 생각하네.

---

[159] 같은 책, p.155 참조.

뤼시앵, 우린 할 수 있는 걸 한 거네. (…) 하지만 중요한 게 하나 있네. 자네가 나를 용서하는가를 아는 것이네."

뤼시앵은 장의 손을 힘 있게 쥔다.

"자넨 자네가 할 수 있는 일을 한 걸세."

장은 뤼시앵의 어깨를 팔로 안는다.

"내 형제여!"[160]

이 부분에서 장의 말을 통해 그가 혁명 후에 추진하고자 했던 것은 혁명의 성공을 위해 혁명 상태를 5년 더 연장하는 것이었음을 알수 있다. 그런데 이와 같은 장의 노력은 곧 혁명으로 출현한 융화집단의 상태를 그 구성원들 전체의 서약을 통해 서약집단 상태로 바꿔유지하고자 하는 노력과 같은 것이다. 이런 이유로 장은 뤼시앵 역시 서약하기를 바랐다. 물론 장은 뤼시앵에게 그 자신의 양심이 되어 자기를 냉철하게 비판할 것을 요구했다. 하지만 조국의 국력 신장과 혁명의 최종 성공을 위해 5년 정도가 필요하다고 판단한 장은혁명 동지들이 모두 서약함으로써 서약집단이 되어 '우리'의 상태를존속시키고자 했던 것이다.

이와 같은 장의 시각에서 보면 뤼시앵의 비판은 서약을 배신하는행위가 되고 만다. 물론 장과 뤼시앵은 호형호제할 만큼 돈독한 우정을 유지하고 있다. 하지만 장은 궁극적으로 이와 같은 동지애도

---

[160] 같은 책, pp. 188-189.

혁명 상태의 유지에 방해물이 된다고 여긴 것이다. 따라서 장의 판단으로는 뤼시앵의 투옥은 당연한 것이고, 그의 죽음 역시 배신자를 처형한 것과 같은 의미를 갖는다. 요컨대 벵가의 죽음과 마찬가지로 뤼시앵의 죽음도 혁명의 완수라는 목적을 실현하는 하나의 효율적인 수단에 불과한 것이다. 또한 이런 의미에서 뤼시앵의 죽음은 미래의 유토피아를 건설하기 위해 동원된 진보적 폭력의 한 예라고 할 수 있을 것이다.

장-뤼시앵: 사르트르 또는 카뮈의 모습

『톱니바퀴』에서 볼 수 있는 이와 같은 장과 뤼시앵의 관계는 특히 주목을 요한다. 그도 그럴 것이, 한편으로는 장과 뤼시앵의 모습에서 폭력에 대항하는 사르트르의 모습이 투사되어 있기 때문이고, 다른 한편으로는 뤼시앵의 모습에서 카뮈의 모습이 어른거리기 때문이다. 사르트르는 기존폭력에 대한 저항에서 강온強穩 두 전략을 구사한다. 순수대항폭력과 문학, 곧 글쓰기 또는 언어적 대항폭력이 그것이다. 사르트르는 『변증법적 이성비판』에서는 주로 순수대항폭력과 진보적 폭력을 위주로 기존폭력에 저항하는 방법을 강구하고 있다. 그 반면에 『문학이란 무엇인가』에서는 글쓰기, 곧 언어적 대항폭력을 통해 기존폭력을 분쇄하는 방법을 모색한다. '참여문학론'이 그것이다.

이렇듯 사르트르에게서는 순수대항폭력과 언어적 대항폭력이 길항拮抗하면서도 상호보완적인 것으로 나타난다. 물론 그가 순수대항폭력에 더 큰 비중을 두었던 시기도 있었다. 그런 이유로 그는 또 한 명의 '친구-적'인 아롱으로부터 '폭력의 사도apôtre de la violence'라는 달갑지 않은 칭호를 받기도 한다. 또한 사르트르는 1964년 『말Les Mots』을 출간한 이후에 문학이 갖는 언어적 대항폭력의 기능을 포기하기도 한다. 어쨌든 이 두 가지 방법은 그대로 『톱니바퀴』에서 장과 뤼시앵이 각각 기존폭력에 맞서기 위해 강구하는 두 가지 방법과 같은 것이다.

그렇다면 카뮈는 어떤가? 곧이어 『정의의 사람들』을 통해 살펴보겠지만, 카뮈 역시 극단적인 경우에 폭력 사용을 완전히 배제하지 않는다. 그러니까 카뮈 역시 기존폭력에 맞서기 위해 순수대항폭력에 호소할 수 있는 가능성을 열어 놓고 있기는 하다. 하지만 『톱니바퀴』의 시각에서 보면 카뮈는 장보다는 뤼시앵 쪽에 훨씬 더 가까운 것으로 보인다. 폭력 사용에 일정한 한계를 부여하기 때문이다. 카뮈는 장처럼 '행동하는 인간'이 아니라 뤼시앵과 같이 글쓰기를 통해 저항하는 유형의 인간으로 보인다.

4

카뮈의 『정의의 사람들』

역사상 실제 있었던 사건

이제 카뮈의 『정의의 사람들』을 보자. 앞서 이 작품과 사르트르의 『톱니바퀴』 사이에는 장르상의 차이에도 불구하고 유사점이 있다는 사실을 지적한 바 있다. 그런 유사점 중에서도 두 작품 모두 혁명적 상황을 배경으로 하고 있다는 점과 특히 등장인물들의 대립적 구도가 두드러진다. 그러니까 『정의의 사람들』의 '스테판-칼리아예프'의 대립적 구도는 『톱니바퀴』의 '장-뤼시앵'의 그것과 거의 흡사하다. 게다가 뤼시앵에게서 카뮈의 모습이 어른거리듯이, 스테판에게서 사르트르의 모습이 어른거린다. 물론 칼리아예프는 카뮈 자신의 분신으로 보인다. 이런 사실들을 염두에 두고 카뮈의 『정의의 사람들』에서 진보적 폭력과 '목적-수단' 문제가 어떻게 문학적으로 형상화되었는가를 살펴보도록 하자.

카뮈의 『정의의 사람들』은 1949년에 처음으로 공연되었다. 카뮈가 이 작품을 쓴 것은 사르트르의 『더러운 손』에 응수하기 위해서라고 한다. 물론 카뮈의 『정의의 사람들』과 사르트르의 『더러운 손』을 비교하면서 진보적 폭력과 '목적-수단' 등의 문제를 거론할 수 있다. 하지만 『톱니바퀴』의 첫 번째 제목이 '더러운 손'이었다는 점을 감안한다면,[161] 『정의의 사람들』과 『톱니바퀴』를 비교하는 것도 충분히 가능해 보인다. 어쨌든 이 두 작품의 이야기는 혁명적 상황을 배경으로 하고 있다.

『정의의 사람들』은 1905년 구소련에서 역사상 실제 있었던 사건을 극화한 것이다. 카뮈는 실제로 보리스 사핀코프Boris Savinkov(1879-1925)가 그 사건을 회상하면서 쓴 『한 테러리스트의 회고록Souvenirs d'un terroriste』에서 내용을 빌려 왔다. 카뮈는 이 작품에서 이반 칼리아예프라는 실제 인물의 이름을 그대로 사용했다고 밝히고 있기도 하다.[162] 그런데 이 사건은 사회주의 혁명당 소속이었던 테러리스트들이 러시아 황제의 숙부인 세르게이 로마노프 대공Grand Duke Sergei Romanov(1857-1905)에게 폭탄을 던져 살해한 사건이다.

그 당시 러시아는 300여 년간 이어졌던 로마노프 왕조의 마지막 황세였던 니콜라이 II세의 치하에 있었다. 1905년에 발발했던 러일전쟁의 패배로 인해 경제가 극도로 악화되는 상황에서 노동자들의 파업과 테러는 극심해졌다. 특히 이들을 진압하기 위해 벌어진 1905년 1월의 그 유명한 '피의 일요일'은 1917년에 발발한 러시아 혁명으로 가는 도화선이었다고 할 수 있다.[163]

---

161 사르트르는 『톱니바퀴』와 『더러운 손』 사이에는 아무런 관계가 없다고 주장하고 있다. 하지만 두 작품 사이에는 진보적 폭력, '목적-수단', 서약, 동지애-공포 등에서 아주 밀접한 관계가 있는 것으로 보인다.

162 알베르 카뮈, 『정의의 사람들』, 『알베르 카뮈 전집 특별판 4』, p.280(서평 의뢰문과 소개의 말).

163 김학준, 『러시아 혁명사』, 문학과지성사, 1999(1979) 참조.

역사는 세르게이 로마노프 대공이 1905년 2월 17일에 이반 칼리아예프가 던진 폭탄에 의해 암살당한 것으로 기록하고 있다. 원래 테러일은 2월 15일이었으나 칼리아예프가 대공의 마차에 타고 있던 조카들의 순진한 모습을 보고 폭탄을 던지는 데 실패해 거사가 이틀 뒤로 미루어진 것이다. 어쨌든 『정의의 사람들』의 배경이 되고 있는 1905년의 러시아는 정부의 무능과 실정, 러일전쟁에서의 참패 등으로 인해 극도로 불안한 위기 상황에 처해 있었다. 요컨대 사르트르의 용어를 빌리자면, 『정의의 사람들』의 배경은 '삶과 죽음'이 문제시되는 상황, 곧 불가능한 삶을 영위하는 것이 더 이상 불가능한 상황이었다고 할 수 있다. 더 이상 억압과 고통을 견딜 수 없는 상태에서 마치 용수철이 튀어 오르듯이 혁명이 발생하게 되는 것이다. 아넨코프Annenkov는 이렇게 말한다. "러시아 전체가 감옥에 갇혀 있어. 우리가 그 높은 벽을 산산이 부숴버려야지."[164]

스테판과 칼리아예프의 대립

『정의의 사람들』은 사회주의 혁명당 행동대원들의 비밀 아지트인 한 아파트에서 시작된다. 막이 오르면 대장인 아넨코프와 도라Dora가 있다. 이윽고 스테판이 들어온다. 스테판은 3년 동안 감옥에 갇혀 있다가 탈옥해 스위스로 갔다가 돌아온 길이다. 그가 투옥된 이

[164] 알베르 카뮈, 『정의의 사람들』, p.384.

유 역시 정치적 행동과 무관하지 않은 듯하다. 돌아오자마자 스테판은 행동할 때가 왔다는 확신과 더불어 세르게이 대공 암살 계획에 적극적으로 가담하게 된다.

스테판　　우리가 그 도살자를 처치하는 거야. 자네가 대장이야. 보리. 난 자네의 명령에 따르겠어.

아넨코프　그렇게까지 다짐할 필요는 없어. 스테판. 우리는 모두 형제가 아닌가.

스테판　　규율이 필요해. 감옥에서 그걸 절실히 깨달았지. 사회주의 혁명당에는 규율이 있어야 해. 엄격한 규율에 따라 우리는 대공을 죽이고 압제를 타도하는 거야.[165]

　스테판과 아넨코프 사이의 이 짧은 대화 속에 이 작품의 기의 모든 내용이 함축되어 있다. 이 테러리스트들은 지금 민중의 적인 세르게이 대공을 암살하고 압제를 타도하려는 계획을 세우고 있다. 그들의 입장에서 보면 이 목적은 당연히 정당한 것이다. 그리고 이 목적을 실현하기 위해 동원하는 수단은 암살, 곧 폭력이다. 그리고 이 목적을 달성하기 위해 필요한 것은 규율과 명령에 대한 복종이다. 이를 지키기 위해서 이들의 조직은, 사르트르의 용어를 빌리자

---

[165]　같은 책, p.292.

면, 융화 상태에 있는 '서약집단', 곧 '우리'를 형성하고 있다고 할 수 있다. 이 조직의 구성원으로서 이들 모두는 '동지들'이며, 또한 그들은 조직의 이름으로, 서로가 서로에게 조직을 배반하지 않겠다는 서약을 했다고 할 수 있다.

아넨코프, 스테판, 도라가 계획을 점검하면서 대화를 나누고 있는 중에 부아노프Voinov와 칼리아예프가 모습을 나타낸다. 모두 계획에 필요한 첩보 수집과 계획의 사전 점검 등을 하고 돌아오는 길이다. 부아노프는 스테판과 아는 사이이다. 하지만 스테판과 칼리아예프는 처음 만나는 사이이다. 부아노프와 칼리아예프가 모습을 나타내기 전에 이미 아넨코프, 스테판, 도라는 두 사람에 대해 얘기를 나눈 바 있다. 그 과정에서 스테판은 칼리아예프가 '시인'이라는 사실을 알게 된다.

스테판   야네크?

아넨코프   칼리아예프 말이야. '시인'이라고 부르기도 하지.

스테판   테러리스트에게는 맞지 않는 이름인데.

아넨코프   (웃으며.) 야네크의 생각은 안 그래. 시는 혁명적이라는 거야.

스테판   오직 폭탄만이 혁명적이야. (…)[166]

---

[166] 같은 책, p.293.

이처럼 직접 보기도 전에 스테판은 칼리아예프에 대해 불신과 회의를 갖는다. 문학, 곧 쓰기 행위는 테러와는 어울리지 않는다는 것이다. 이와 같은 스테판의 불신은 칼리아예프를 직접 보았을 때 더 커진다. 칼리아예프는 그 자신이 혁명에 뛰어든 것은 삶을 사랑하기 때문이라고 말한다. 그 반면에 스테판은 사랑보다는 정의를 위해 혁명을 할 뿐이라고 응수한다. 그는 칼리아예프와는 달리 사랑이 혁명, 나아가 한 인간을 암살하는 행위를 정당화할 수 없다는 견해를 피력한다. 물론 칼리아예프는 그 반대 의견을 주장한다.

칼리아예프 (흥분하며.) 자네는 나라는 사람을 잘 몰라. 나는 인생을 사랑해. 나는 인생을 사랑하기 때문에 혁명에 뛰어든 거야.

스테판 나는 인생을 사랑하지 않아. 그보다는 정의를 사랑해. 그건 인생 이상의 거야. (⋯)

칼리아예프 (화를 내며.) 그럼 자네는 도대체 무엇 하러 여기 와 있는 거지?

스테판 난 한 인간을 죽이려고 온 것이지 그자를 사랑하려고 온 것도 아니고, 그자가 나와 다르다는 것을 인정하려고 온 것도 아냐.

칼리아예프 (격한 어조로.) 자네 혼자서, 아무런 명분도 없이 사람을 죽이진 못해. 자넨 우리와 함께, 러시아 인민의 이름으로 사람을 죽일 수 있는 거야. 그렇게 할 때 비로소 자네의 행동은 정당화되는 걸세.

스테판   (같은 어조로.) 내겐 그런 것 필요 없어. 난 단 하룻밤
           으로, 그것도 영원히 정당성을 얻었어. 3년 전, 감옥
           에서 말야. 난 더 이상 참을 수가 없어…[167]

    스테판에게 모욕당했다고 생각하는 칼리아예프는 자기를 사랑하
는 도라와의 대화에서 그 자신의 생각을 다시 한번 명료하게 드러내
보인다. 이런 칼리아예프는 카뮈의 분신처럼 보인다. 특히 다음과
같은 대사는 카뮈의 독백이라고 할 수 있을 정도이다. 삶, 사랑, 행
복, 아름다움에 대한 가치 부여가 그것이다.

칼리아예프 (…) 나도 마음만 먹으면 좀 더 약아질 수도 있고, 말
           을 아낄 수도 있고, 속마음을 내색하지 않을 수도
           있고, 효율적으로 처신할 수도 있어. 다만, 내 눈에
           는 인생이라는 것이 언제나 멋들어진 것으로 보인
           단 말이야. 나는 아름다움을, 행복을 사랑해! 그렇
           기 때문에 독재를 미워하는 거야. 그걸 그들에게 어
           떻게 설명하면 좋을까? 혁명. 물론 해야지! 그러나
           그것은 삶을 위한 혁명, 삶에 기회를 주기 위한 혁

---

[167] 같은 책, pp.301-302.

이렇듯 칼리아예프는 진보적 폭력 개념을 완전히 배제하지는 않는다. 다가올 미래의 유토피아를 건설하기 위해서 현재 자행되는 작은 폭력을 용인하고 있는 것으로 보인다. 물론 이와 같은 폭력의 사용은 최소한에 그쳐야 하고 —곧 보겠지만 이런 폭력의 사용에 '한계'가 있어야 한다—, 또 그것이 정당한 목적을 위해 사용되어야 한다는 조건이 충족되어야 한다. 칼리아예프는 이렇게 말하고 있기도 하다. "내가 죽이는 것은 그 사람이 아니야. 나는 압제를 죽이는 거야."[169] '혁명'의 필요성을 인정하되, 그것에 진보적이라는 조건과 한계가 있어야 한다는 조건을 제시하고 있는 것이다.

> 칼리아예프 (…) 그리고 더 이상 그 누구도 사람을 죽이는 일이 없는 세계를 건설하기 위해서 우리는 사람을 죽이는 거야. 이 땅이 마침내 죄 없는 사람들로 가득한 곳이 되게 하려고 우리는 범죄자가 되기로 자청한 거야.[170]

168 같은 책, p.304.
169 같은 책, p.308.
170 같은 책, p.304.

1차 테러의 실패와 스테판과 칼리아예프의 격돌

스테판과 칼리아예프 사이의 대립에도 불구하고 1차 테러는 차질 없이 준비된다. 대장인 아넨코프의 설득도 있었다. 그는 이렇게 말한다. "(…) 서로 한 덩어리가 되어 조국 해방을 위해 압제자들을 처형하려고 마음먹은 동지들이 아니냔 말이야! 우리는 죽여도 같이 죽이는 거야. 무슨 일이 있어도 우리는 갈라질 수 없어."[171] 그는 테러리스트들이 '우리', 융화집단이라는 것을 부각시키고 있다. '우리'라는 대명사의 사용과 그들이 공동의 목표를 위해 행동하고 있다는 것을 강조하는 것이다. 어쨌든 세르게이 대공을 암살하기 위한 거사가 착착 진행된다.

하지만 1차 거사는 실패로 끝나고 만다. 칼리아예프가 계획대로 마차를 타고 가는 대공에게 폭탄을 던지지 못했기 때문이다. 모든 상황을 예상하고 비밀리에 철저하게 준비한 거사가 왜 실패했을까? 그것은 그 마차에 대공의 어린 조카들이 타고 있었기 때문이다. 칼리아예프의 말을 들어 보자.

> 칼리아예프   (당황한 표정.) 예상치 못한 일이었어… 어린애들은,
>   특히 어린애들은. 자네, 어린애들을 쳐다본 적이 있
>   어? 가끔 그 아이들이 던지곤 하는 그 심각한 시선

---

[171] 같은 책, p.302.

을 말이야… 나는 도저히 그 시선을 감당할 수 없었어… (…) 나는 마차를 향해 달려갔지. 바로 그때 그 어린애들을 본 거야. 아이들은 웃고 있지 않았어. 똑바로 앉아서 허공을 바라보고 있었어. 어쩌면 그렇게 슬픈 표정들을 하고 있는지! 화려한 예복 속에 작은 몸을 파묻은 채 두 손을 무릎 위에 올려놓고 양쪽 창문 쪽에 상체를 꼿꼿이 하고 있었어! (…) 그다음은 어떻게 됐는지 나도 몰라. 팔에 힘이 빠지고, 다리가 떨렸어. 아차 했을 때는 이미 늦어 있었어. (…)[172]

이 부분에서 칼리아예프가 1차 거사에 실패한 이유가 잘 나타난다. 대공이 탄 마차에 예상 밖으로 그의 어린 조카들이 타고 있었던 것이다. 칼리아예프는 그 어린아이들의 존재로 인해 폭탄을 던질 수가 없었다. 이와 관련하여 칼리아예프는 고향 우크라이나에서 마차를 몰던 기억을 떠올리면서 어린아이에 대해 그가 가지고 있는 특별한 감정을 토로한다.

칼리아예프   (…) 옛날에 우리 고향 우크라이나에 살 때 난 마차를 몰고 다녔어. 바람처럼 달렸지. 무서운 게 없었

---

[172]   같은 책, p.320.

어. 무서운 게 아무것도 없었지만, 어린아이를 치
는 것만은 예외였어. 그 연약한 머리가 순식간에 길
바닥에 박살이 나는, 그때의 충격이 머리에 떠올라
서…[173]

이처럼 돌발 상황으로 인해 1차 거사에 실패한 일을 두고 테러리
스트들 사이에 격렬한 논쟁이 벌어진다. 이 논쟁에서 스테판을 제
외한 나머지 행동대원들은 칼리아예프 편을 든다. 도라는 순진무구
한 어린아이까지 죽이는 일을 마다하지 않는다면, 그때는 "혁명이
인류 전체에게 증오의 대상이 되는 날"[174]이라고 말하면서 칼리아예
프를 옹호한다. 아넨코프도 목적을 완수하기 위해 "무슨 짓이나 다
용납된다고 생각해서는 안 된다"[175]라는 주장을 펴면서 역시 칼리아
예프를 옹호한다. 하지만 스테판은 그들과 완전히 다른 의견을 피
력한다.

스테판의 주장은 조직의 명령이 있다면, 그것에 무조건 복종해야
한다는 것이다. 그렇지 않으면 조직을 배신하는 것이 된다. 또한 대
의명분에 부합하면 "못할 짓이 없다"[176]라는 입장이다. 그러니까 일
단 정해진 목적의 실현을 위해 모든 수단이 동원되어야 한다는 것이

---

173 같은 책, p.321.
174 같은 책, p.324.
175 같은 책, p.325.
176 같은 곳.

다. 이런 스테판의 입장은 혁명의 효율성을 앞세우는 것이다. 또한 그의 입장은 진보적 폭력을 무조건 신뢰하는 것이다. 요컨대 그의 입장은 "살인의 정당화라는 극단적인 결과"로 수렴된다. 이런 스테판의 입장은 카뮈의 입장과는 정반대되는 것이다. 카뮈는 『반항하는 인간』에서 '살인 기계'로 변질되고 마는 혁명에 대해 강하게 비판하고 있다.

먼저 스테판과 도라의 대화를 보자.

스테판   또 아이들이야! 입만 벌리면 그 이야기뿐이군. 내 말을 그렇게 못 알아듣나? 야네크가 그 두 아이를 죽이지 않음으로써 수천 명의 러시아 어린이들이 앞으로 몇 년 동안 두고두고 굶주려 죽을 텐데. 너희는 어린애들이 배고파서 죽는 모습을 본 적 있어? 나는 봤어. 그런 죽음에 비한다면 폭탄에 맞아 죽는 것은 차라리 감사해야 할 일이지. 그러나 야네크는 그런 아이들을 보지 못했어. 그저 대공의 재롱둥이 강아지 새끼 두 마리밖에는 본 게 없다는 말이야. 그러고도 자네들이 과연 인간인가? 그저 그 순간만 살아가면 된다는 생각인가? 그렇다면 차라리 자선 사업이나 하고 그 날의 고통을 덜어주는 일이나 하는 것이 나을 거야. 현재와 미래의 모든 고난을 뿌리째 뽑고자 하는 혁명은 아예 그만두란 말이야.

도라	야네크가 대공 암살 임무를 떠맡은 것은 그를 죽임
	으로써 러시아의 어린이들이 더 이상 굶주리지 않
	는 날을 앞당기기 위해서였어. 그 일만 해도 쉬운
	게 아냐. 그렇지만 대공의 조카들을 죽인다고 해서
	굶주려 죽은 어린애들이 줄어드는 건 아냐. 파괴 행
	위에도 어떤 질서가 있고 한계가 있는 법이야.
스테판	(흥분한 어조로) 한계 따위는 없어. 사실상 너희는 혁
	명이라는 것을 믿지 않는 거야. (야네크 이외의 모든
	사람들이 자리에서 벌떡 일어선다.) 조금도 안 믿고 있
	어. 만약 너희가 혁명을 전폭적으로, 에누리 없이
	믿는다면, 우리의 희생과 승리에 의해서 폭정으로
	부터 해방된 러시아를, 마침내 이 세계 전체를 뒤덮
	고 말 자유의 천지를 건설할 수 있다고 굳게 믿는다
	면, (…) 그까짓 어린애 둘쯤 죽는 것이 뭐 그리 큰
	문제가 된단 말이야. (…)[177]

위의 대화에서 스테판의 주장에 특히 주목할 필요가 있다. 그도 그럴 것이 그의 주장에 사르트르와 카뮈가 적대적 관계로 돌아선 거의 모든 요소가 드러나 있기 때문이다. 앞서 『변증법적 이성비판』과 『톱니바퀴』를 중심으로 살펴보았던 사르트르의 진보적 폭력론, '목

---

[177] 같은 책, pp.325-326.

적-수단'의 문제에서 목적이 정당하다면 그 목적을 위해 모든 수단이 동원될 수 있다는 주장이 스테판의 주장과 정확히 일치한다. 그 반면에, 수단에서의 한계를 주장하는 도라의 입장은 『반항하는 인간』에서 '한계'를 주장하는 카뮈의 입장과 정확히 일치한다.

> 만일 반항이 어떤 철학을 정립할 수 있다면 그것은 오히려 어떤 한계의 철학, 정확하게 계산해 본 다음 어느 정도의 무지를 인정하는 철학, 위험을 부담하는 철학일 것이다.[178]

또한 다음과 같은 아넨코프의 주장 역시 『반항하는 인간』에서 카뮈가 역사상 모든 혁명은 참다운 의미에서 반항이 아니라 전제화되고, 또 궁극적으로는 살인 기계가 되어 버렸다는 주장과 정확히 겹친다. "나도 전제 정치를 타도하기 위해서 사람을 죽이는 것을 용납하기로 마음먹었어. 그러나 자네가 하는 말에서는 어딘가 전제 정치의 폭군적인 기미가 느껴져. 그것이 언젠가 표면화된 날엔 나는 한낱 살인자가 되고 말 거야. 나는 의로운 심판자가 되려고 애쓰는 중인데."[179]

또한 아넨코프는 진보적 폭력이 가지는 또 하나의 문제를 예리하게 지적하고 있다. 그것은 지금, 여기에서 자행되는 폭력, 곧 진보적

---

[178] 알베르 카뮈, 『반항하는 인간』, p.797.
[179] 알베르 카뮈, 『정의의 사람들』, pp.326-327.

폭력을 통해 미래에 반드시 유토피아가 건설될지의 여부를 장담할 수가 없다는 것이다. 아넨코프는 스테판과의 대화에서 이 점을 분명히 하고 있다.

> 스테판 　 순수? 나도 그걸 모르는 것은 아냐. 그러나 내가 그런 것을 무시하기로 작정한 것은, 수천 수만의 인간들로 하여금 그런 것 따위는 무시하게 만들기로 작정한 것은, 그 순수함이 언젠가 더 큰 의미를 갖기를 바랐기 때문이야.
>
> 아넨코프 　 그날이 온다는 것을 어지간히도 확신하는 모양이군. (…)
>
> 스테판 　 난 확신해.[180]

스테판이 가진 미래에 대한 이와 같은 확신에 반해, 칼리아예프는 전혀 다른 생각을 가지고 있다. 칼리아예프 역시 미래에 유토피아를 건설하기 위해 투쟁하고 목숨을 내던지려 한다는 것에는 동의한다. 하지만 그는 진보적 폭력을 무조건 지지하지 않는다. 다시 말해 그는 불확실한 미래보다는 지금, 여기에서의 삶을 더 중요시하는 것이다. 여전히 한계가 있는 수단만을 사용하기를 바라는 것이다.

---

[180] 같은 책, p.327.

칼리아예프 (고함을 치며.) 다른 인간들… 좋아! 그러나 나는 나
와 같이 이 순간 이 땅 위에서 함께 살고 있는 사람
들에게 경의를 표하는 거야. 나는 바로 그들을 위해
서 투쟁하고, 목숨을 내던지려는 거야. 내가 확신할
수도 없는 먼 미래의 세상을 위해서 지금 내 형제들
에게 달려들어 얼굴을 후려치지는 않겠어. 죽은 정
의를 위해서 산 불의를 더 보탤 수는 없단 말이야.
(…) 어린애들을 죽이는 건 명예에 어긋난다 이 말
이오. 그러니까 만약 내가 살아 있는 동안 어느 날
혁명이 명예와 갈라지게 된다면 나는 혁명을 버리
겠소. (…)[181]

칼리아예프의 죽음 또는 정오正午 사상

　1차 테러의 실패를 두고 테러리스트들 사이에 벌어진 이와 같은
격렬한 논쟁은 대장인 아넨코프의 결정으로 일단락된다. 결정 내용
은 이렇다. "조직은 그 어린애들에 대한 살인 행위가 필요 없다"와
2차 테러에서도 어린아이들이 또다시 마차에 타고 있으면 "그다음
기회를 기다리는 것"[182]이다. 이렇게 결정하고 나서 2차 테러를 실행

[181]　같은 책, p.328.
[182]　같은 책, p.329.

하기로 한다. 2차 테러에는 어린아이들이 마차에 타고 있지 않았다. 칼리아예프는 폭탄을 던져 세르게이 대공을 암살하는 데 성공한다. 도라의 말대로 칼리아예프의 테러는 그 자신만의 테러가 아니라 '우리'의 테러인 것이다. "우리 모두가 그를 죽였어! 내가 죽였어!"[183]

2차 테러의 성공 직후에 칼리아예프는 체포되어 사형을 선고받는다. 한 가지 흥미로운 점은, 사형이 집행되기 전날에 살해당한 대공의 부인이 칼리아예프를 면회한다는 점이다. 독실한 기독교 신자였던 그녀는 칼리아예프의 사면을 계획하고 있음을 말한다. 하지만 칼리아예프는 그것을 거부한다. 그는 자신이 저지른 행위가 살인이라는 것을 너무 잘 알고 있다. 그런데 칼리아예프의 테러는 그 자신의 이념에 충실하기 위함이었다. 그런 만큼 그는 이것을 증명하기 위해 또 다른 조건이 필요한 것이다. 그 자신의 죽음을 받아들이는 조건이 그것이다. 이처럼 칼리아예프는 그 자신의 생명으로 그가 살해한 대공의 생명의 대가를 치르면서 그 자신의 행동을 정당화하려고 한다. 이런 이유로 칼리아예프는 대공비의 애원을 거절한다.

> 칼리아예프   죽음을 맞을 채비를 하도록 그만 돌아가 주세요. 만
>   약 죽지 못한다면 그때는 내가 정말로 살인자가 되
>   는 것입니다.
> 대공비   (자리에서 벌떡 일어선다.) 죽는다고? 죽고 싶다고? 안

---

[183] 같은 책, p.350.

돼요. (…) 살아야 해요. 살아서 살인자라는 사실을
받아들여야 해요. (…)[184]

카뮈는 칼리아예프의 죽음을 통해 일종의 책임 윤리를 제시하고
있는 것으로 보인다. 카뮈는 진보적 폭력을 완전히 부정하지는 않
는다. 그러니까 불가피하고 극단적인 경우에 기존폭력을 물리치기
위해 순수대항폭력에 호소하는 것을 용인하긴 한다. 혁명의 성공이
라는 목적을 위해 폭력과 같은 수단이 사용되는 것을 받아들이는 것
이다. 다만, 그런 경우에도 폭력의 사용이 한계를 넘어서서는 안 된
다. 또한 불가피하게 한계를 넘어선 행동의 결과에 대해선 그에 상
응하는 책임을 반드시 져야 한다. 다시 말해 최소한 '양심적 살인자'
가 되어야 한다는 것이다.

반항하는 인간이 살인을 하게 되었을 때 그 살인 행위와 스스로
를 화해시킬 수 있는 방법은 단 한 가지밖에 없다. 그것은 자기 스
스로의 죽음과 희생을 받아들이는 것이다. 그는 살인을 하고 그리
고 살인은 불가능한 것임을 분명히 하기 위해 죽는다. 그렇게 함으
로써 그는 사실상 '우리는 존재할 것이다'보다 '우리는 존재한다'를
선호함을 입증한다. 감옥에 갇힌 칼리아예프의 조용한 행복과 단
두대를 향하여 나아가는 생쥐스트의 평온은 이렇게 하여 설명된

---

[184] 같은 책, p.369.

다. 이 극단의 경계를 넘어서면 모순과 허무주의가 시작된다.[185]

도라는 이렇게 말한다. "어쩌면 훗날에 우리를 본떠서 사람을 죽이면서도 자신의 생명은 대가로 지불하지 않는 사람들이 생겨날지도 모르지."[186] 이와 같은 도라의 말은 그대로 카뮈 자신의 말이기도 하다. 카뮈는 『정의의 사람들』을 소개하면서 이렇게 말하고 있다.

> 나는 다만 행동 그 자체에도 한계가 있다는 점을 보여 주고자 했을 뿐이다. 그러한 한계를 인정하는 행동. 만약에 그 한계를 벗어나지 않으면 안 될 경우에는 적어도 죽음을 받아들이는 행동만이 선하고 올바른 행동이다. 오늘날 우리가 살고 있는 세계가 가증스러운 모습을 보여 주고 있는 까닭은 바로 그 세계가 그와 같은 한계를 넘어설 권리를, 그중에서도 특히 자기 자신을 그 대가로 바치지도 않으면서 다른 사람들을 죽일 권리를 스스로에게 허용하는 사람들에 의하여 만들어진 것이기 때문이다. 바로 이렇게 해서 오늘날의 정의는 온갖 정의의 살인자들에게 알리바이가 되어 주고 있는 것이다.[187]

카뮈에게서 보이는 이와 같은 한계, 절도, 책임 윤리 등이 바로 그

---

[185] 알베르 카뮈, 『반항하는 인간』, p.787.
[186] 알베르 카뮈, 『정의의 사람들』, p.384.
[187] 같은 책, pp.281-282(서평 의뢰문과 소개의 말).

의 '정오 사상'의 핵심 개념들이다. 또한 『반항하는 인간』에서 카뮈가 주장하는 한계, 절도, 책임 윤리, 정오 사상 등은 '정의'의 토대가 되는 핵심 개념들이기도 하다. 카뮈에 따르면 『정의의 사람들』의 제목에서 볼 수 있는 '정의의 사람들'을 규정하는 가장 중요한 기준이 그것들이다. 그런 면에서 칼리아예프는 정의의 사람들에 속하는 전형적인 인물인 것이다. 물론 아넨코프, 도라를 비롯해 다른 테러리스트들도 거기에 속한다는 데는 의심의 여지가 없다. 곧 보겠지만 스테판 역시 나중에는 칼리아예프의 주장과 입장을 지지하게 된다.

혁명의 효율성과 도덕성

카뮈는 『반항하는 인간』을 시작하면서 "논리에 의한 범죄", 곧 '살인'을 거론한다. 『시지프 신화』를 시작하면서 자살을 문제 삼는 것과 대조된다.

> 이 시론[『반항하는 인간』]의 의도는 다시 한 번 논리에 의한 범죄라고 하는 시대의 현실을 인정하고, 그것에 대한 각가지 정당화의 양상을 면밀히 검토해 보자는 데 있다. 이는 우리 시대를 이해하기 위한 하나의 노력이다. (…)
>
> 우리 눈앞에 있는 저 타자를 살해할 권리, 혹은 이 타인이 살해됨에 동의할 권리가 우리에게 있는지 없는지를 알지 못하는 한, 우리는 아무것도 알지 못하는 것이나 마찬가지다. 오늘날 일체의 행

동은 직접적이든 간접적이든 살인으로 귀결되므로 우리는 과연 살인을 허용해야 하는지, 또 그렇다면 왜 그래야 하는지를 알기 전에 행동할 수 없다.[188]

카뮈가 『반항하는 인간』에서 제시하고 있는 주장의 핵심은 인간의 생명을 앗아 가는 살인이 어떤 경우에도 논리적으로 정당화되어서는 안 된다는 점이다. 앞서 언급했지만 카뮈는 반항인을 '아니오'라고 말하는 자로 정의한다. 카뮈의 생각은 분명하다. 인간의 자유와 행복에 방해가 되는 불의를 조장하는 모든 것에 대해서는 당연히 '아니오'라고 말하면서 반항을 해야 한다는 것이다.

카뮈는 『반항하는 인간』에서 '아니오'의 대상을 '절대'로 규정한다. 서구 유럽 사회에서 종교와 정치가 분리되지 않았던 시기에는 신이 절대의 위치를 차지하고 있었다. 그 절대를 차지하고 있던 신에 대한 반항이 '형이상학적 반항révolte métaphysique'으로 규정된다. 이 반항이 『반항하는 인간』의 제2장을 차지하고 있다. 카뮈는 형이상학적 반항을 이렇게 규정한다. "형이상학적 반항이란 인간이 인간 조건과 창조 전체에 대하여 항거하는 운동이다. 그것은 인간과 창조의 목적에 대하여 이의를 제기하는 까닭에 형이상학적이다."[189] "형이상학적 반항을 하는 인간은 그러므로 흔히 사람들이 생각하듯 무신론

---

[188] 알베르 카뮈, 『반항하는 인간』, pp.395-396.
[189] 같은 책, p.423.

자는 분명 아니고 반드시 신성모독자일 수밖에 없다. 다만, 그는 신이 죽음의 아버지요 최대의 추문醜聞임을 고발함으로써 우주 질서의 이름으로 독신瀆神을 행한다."[190] 요컨대 인간은 신과의 관계에서 무조건적인 복종을 강요했던 하늘나라를 물리치기 위한 대공세를 폈으며, 그 결과 인간은 신과 대등한 존재를 넘어서 신 자체를 대신하려 들었다는 것이다.

그다음으로 카뮈에 따르면 신의 죽음이 선언된 그 자리에 인간은 '또 하나의 절대'를 세우고자 했다. '인간'이라는 절대가 그것이다. 이 단계에서 형이상학적 반항은 '역사적 반항révolte historique'으로 이행하게 된다. 이 역사적 반항이 『반항하는 인간』의 제3장을 차지하고 있다. 역사적 반항에서는 '혁명'이 가장 중요하다. 정치권력과 종교권력이 분리되지 않았을 때에는 형이상학적 반항과 역사적 반항이 구별되지 않았다. 그런 의미에서 프랑스 대혁명과 같은 혁명은 카뮈적인 의미에서 진정한 '역사적 반항'일 수도 있었다. 하지만 카뮈의 진단에 따르면 혁명의 본질은 항상 변질되었다는 데에 문제가 있다. "대부분의 혁명은 살인을 통해 형태와 독창성을 취한다. 모든 혁명, 혹은 거의 모든 혁명은 살인이었다."[191] 프랑스 대혁명도 예외가 아니었다. 이 혁명에 뒤이은 이른바 '공포정치'의 시대가 그것을 증명해 준다.

---

190 같은 책, pp.424-425.
191 같은 책, p.545.

또한 그런 변질은 1917년 러시아 혁명에서도 잘 나타난다는 것이 카뮈의 주장이다. 인간이 '절대'라는 신념을 지키기 위해 이 신념을 약화시키거나 부정하는 모든 시도를 무조건 분쇄하려는 노력이 정당성을 얻게 된다는 것이 카뮈의 계속되는 주장이다. 인간이 절대라는 신념을 고수하는 자들은 자신들의 입장을 정당화하기 위해 모든 노력을 경주한다. 거기에는 '폭력' 사용도 포함된다. 그런데 그들이 내세우는 논리가 바로 미래의 유토피아 건설이라는 논리이다.

> 유토피아는 미래라는 것으로 신을 대신한다. 유토피아는 그리하여 미래와 도덕이 같은 것이 되게 한다. 유일한 가치는 그 미래에 봉사하는 가치이다. 그 가치가 거의 언제나 구속적이고 강압적이었던 이유는 바로 거기에 있다. 유토피아주의자로서의 마르크스는 그의 무서운 후배들과 다를 바 없고, 그의 가르침 중 일부는 여전히 그의 후계자들을 정당화하고 있다.[192]

여기서 카뮈는 조화로운 미래를 위한 힘겨운 행진, 곧 '진보적 폭력' 개념과 조우한다. 또한 '목적-수단' 관계에서 효율성과 도덕성의 문제와도 조우한다. 물론 카뮈의 의도는 진보적 폭력 개념과 목적만을 위한 수단의 효율성만을 강조하는 자들을 비판하기 위함이다. 카뮈는 미래에 다가올 유토피아 건설을 완전히 부정하지 않는다.

[192] 같은 책, p.684.

현실의 고통 속에서 그런 희망조차 없다는 것은 그야말로 절망적인 비극일 것이다. 하지만 카뮈는 미래보다는 현재를 더 중요시한다.

카뮈가 우려하고, 경계하고, 비판하는 것은 바로 미래의 유토피아 건설이라는 목적을 위해 현재 동원되는 모든 수단을 정당화하려는 논리이다. 앞서 『페스트』에서 타루는 리유와의 대화에서 이렇게 말하고 있다.

> 물론 우리들도 역시 때에 따라서는 사형 선고를 내리고 있다는 것을 나는 알고 있었어요. 그러나 그런 몇몇 사람의 죽음은, 더 이상 아무도 사람을 죽이지 않는 세계로 이끌어 가기 위해서 필요한 일이라고 말하는 사람들이 있었어요.[193]

이와 같은 타루의 입장은 곧 『정의의 사람들』에서 칼리아예프와 그를 옹호하는 다른 테러리스트들의 입장이기도 하다. 타루와 칼리아예프처럼 카뮈도 역사적 반항 자체를 결코 부정하지 않는다. 다시 말해 현재 자행되는 살인을 완전히 부정하지는 않는다. 그러니까 불가피한 경우에는 살인을 포함한 폭력 사용을 용인하면서 진보적 폭력을 완전히 배척하지는 않는다. 하지만 문제는 그런 논리를 정당화하고자 하는 시도 그 자체이다.

『정의의 사람들』에서 스테판이 내세우는 논리가 그것이다. 미래

---

[193] 알베르 카뮈, 『페스트』, p.437.

에 건설될 유토피아를 위해 모든 수단이 정당화될 수 있다는 논리이다. 그러니까 세르게이 대공의 어린 조카들까지도 무조건 죽여야 한다는 논리이다. 인간이 '절대'인 세계를 구축하고 존속하기 위해서는 폭력을 포함한 모든 수단이 효율적이라는 논리이다. 하지만 앞서 보았듯이 칼리아예프와 다른 테러리스트들은 스테판의 이런 논리에 강하게 맞선다. 그들의 논리는 폭력 사용이 불가피한 경우에도 한계가 있어야 한다는 논리이다.

『정의의 사람들』에서 그 한계는 당연히 세르게이 대공의 어린 조카들은 죽여서는 안 된다는 한계이다. 테러의 성공, 그에 이어지는 러시아의 압제로부터의 해방이라는 대의명분을 위해서라고 하더라도 무고한 어린아이들을 살해할 수는 없다는 한계가 그것이다. 그렇지 않을 경우 『페스트』에서 타루가 견디지 못했던 다른 사람들의 말, 곧 "그 어떤 사람도 살해당하지 않을 세계의 건설을 위해 사람들을 죽이는 일"이 논리적으로 정당화되어 버리는 것이다.

이렇듯 신이 절대인 세계에 종지부를 찍고 인간이 절대인 세계의 건설에 결정적인 역할을 했던, 따라서 '진정한 반항'일 수도 있었을 혁명은, 이제 오로지 인간이 절대인 세계를 존속시킨다는 목적 달성을 위한 효율적인 수단으로 변질되기에 이른다. 그렇게 해서 유지되는 세계는 '목적의 왕국'이 되고, 혁명의 순수성이 사라져 버린 이 왕국은 이제 '효율성의 사막'이 된다. 물론 카뮈에게 이런 왕국이 참다운 의미에서의 유토피아가 아니라 지옥이라는 사실은 불문가지이다.

하지만 문제는 여전히 효율성이다. 그러니까 한계를 수반하는 폭력 사용을 주장하는 카뮈의 주장, 곧『정의의 사람들』에서 칼리아예프와 그를 지지하는 테러리스트들의 주장을 실천에 옮긴다는 것이 항상 쉬운 것만은 아니다. 수많은 물적 피해와 특히 인적 피해가 이미 발생한 한계 상황에서 과연 한계를 입에 올리는 것이 이런 상황을 타개하고 극복하는 데 도움이 될까?

물론『정의의 사람들』에서 효율성을 강조했던 현실주의자 스테판은 극의 후반에 칼리아예프를 동지로 받아들이고 그의 주장과 역할을 인정한다. 하지만 이것은 연극적으로 가정된 상황이다. 물론 이 작품이 실제 있었던 역사적 사건을 바탕으로 극화되기는 했지만, 나라 전체가 감옥인 러시아, 억압과 착취가 일상이 되어 버린 그 극단적 상황에서 수단의 효율성을 무시하기는 그리 쉽지 않았을 것이다.

그런데『정의의 사람들』에서 볼 수 있는 이와 같은 상황은 사르트르의『톱니바퀴』에서도 마찬가지로 나타난다. 기존폭력에 대한 항거에서 순수대항폭력만을 강조하고 있는 장과 폭력을 배제하고자 하는 뤼시앵의 입장은 그대로 스테판과 칼리아예프의 입장과 겹친다고 할 수 있다. 장은 그런 뤼시앵에게 이렇게 말하고 있다. "달걀을 깨지 않고는 오믈렛을 만들지 못한다"[194]라고 말이다. 하지만 뤼시앵과 거의 비슷한 입장에 있는 카뮈는 이렇게 말하고 있다. "수천

---

[194] Jean-Paul Sartre, *L'Engrenage*, p.79.

개의 달걀을 깨뜨리기만 하면 훌륭한 오믈렛이 만들어지는 것은 아닙니다"[195]라고 말이다.

이와 같은 '달걀'과 '오믈렛'을 둘러싼 논쟁, 곧 장과 뤼시앵의 논쟁, 스테판과 칼리아에프와 그를 지지했던 테러리스트들의 논쟁은 그대로 사르트르와 카뮈의 논쟁을 집약적으로 보여 준다고 할 수 있다. 융화집단, 곧 '우리'의 형성과 존속에서 한때 폭력을 지지했던 사르트르와 같은 목적을 달성하기 위해 한계가 수반된 폭력을 주장했던 카뮈의 논쟁, 곧 진보적 폭력과 '목적-수단'의 관계를 둘러싼 도덕성과 효율성의 논쟁이 그것이다. 요컨대 이와 같은 요소들이 결국 사르트르와 카뮈 두 사람을 적대적 관계로 이끈 결정적인 요소로 보인다.

---

195 알베르 카뮈, 『스웨덴 연설』, p.372.

제4장

문학론 비교

Frenemy

1

사르트르: 개인과 이웃의 구원을 위한 문학

앞에서 우리는 사르트르와 카뮈의 '친구-적' 관계를 다루면서 주로 그들 각자의 초기 사상과 후기 사상에서의 유사점과 차이점을 살펴보았다. 물론 그들 각자의 전, 후기 사상이 문학적으로 어떻게 형상화되었는가를 보면서 그들의 문학 세계도 살펴보았다. 그렇다. 두 사람은 철학자이기 이전에 작가이다. 동시에 '스피노자'와 '스탕달'이 되고자 했던 사르트르의 경우에는 철학자와 작가의 비중이 비슷하지만, 카뮈의 경우에는 작가의 비중이 더 크다. 물론 사르트르도 후일 자신이 작가로 남기를 원했다. 그런 만큼 사르트르와 카뮈 두 사람의 문학론[196]을 비교하는 것도 흥미로울 것이다. 여기서 두

---

[196] 사르트르와 카뮈가 모두 작가, 특히 소설가와 극작가이기 때문에 그들의 문학론은 주로

사람의 문학론을 짧게 비교해 보고자 한다.[197] 먼저 사르트르의 문학론을 보고, 이어서 카뮈의 문학론을 보기로 하자.

사르트르의 문학론은 크게 두 부분으로 나뉜다. 하나는 『구토』에서 드러나고 있는 '자기 구원'을 위한 문학론이고, 다른 하나는 『문학이란 무엇인가』에서 전개되고 있는 '이웃의 구원'을 위한 문학론, 곧 '참여(앙가주망)문학론'이다. 먼저 자기 구원의 수단으로서의 문학론을 보자. 앞서 지적한 대로 여기서 구원은 작가의 우연적 존재에서의 탈피를 의미한다. 또한 구원은 종교적 의미에서의 구원이기도 하다. 사르트르에 의하면 문학작품의 세계는 필연성의 세계이다. 이 작품은 작가의 손에 의해 창작되고, 그런 만큼 이 작품의 출현에 작가의 존재가 반드시 요청된다. 이 작가는 자기 작품과의 관계에서 반드시 필요한 존재가 되는 것이다. 요컨대 작가의 존재는 그 자신의 손에 의해 창작된 작품을 통해 정당화되기에 이른다.

또한 사르트르는 작품을 통해 작가는 사후의 영광, 곧 일종의 영생을 누린다고 본다. 어떻게? 이 질문에 답을 하기 위해서는 문학작

소설과 연극에 치중된다. 하지만 그들의 문학론은 넓게는 예술론과 미학으로 이어진다고 할 수 있다. 국내에서 출간된 카뮈의 문학론, 예술론, 미학에 대해서는 김화영의 『문학상상력의 연구: 알베르 카뮈론』(문학사상사, 1983), 김진식의 『알베르 카뮈의 통일성 향수와 미학』, 김세리의 『알베르 카뮈의 미학』 등이 있다. 사르트르의 미학에 대해서는 특히 강충권 외 8인의 『사르트르의 미학』(기파랑, 2017)과 박정자의 『잉여의 미학』(기파랑, 2014) 등이 있다.

[197] 이 책의 제4장 '문학론 비교' 부분은 2020년 11월 15일에 간행된 『프랑스학연구』(프랑스학회, 제94집, pp.33-56)에 게재된 논문 「사르트르와 카뮈의 문학론 비교: '참여' 또는 '승선'?」을 수정, 보완한 것임을 밝힌다.

품이 두 가지 서로 다른 존재론적 위상을 가지고 있다는 사실에 주목해야 한다. 우선, 작품은 작가의 '분신'이다. 다시 말해 작품은 작가의 대자pour-soi인 것이다. 왜냐하면 작가가 그의 정신을 그의 작품에 투사했기 때문이다.

> 어느 풋내기 화가가 스승에게 이렇게 물었다. "언제 제 그림이 완성되었다고 생각해야 할까요?" 그러자 스승은 대답했다. "네가 네 그림을 바라보고 스스로 놀라서 '내가 이것을 그렸다니!' 하고 말할 때이다." 이것은 결코 그럴 수 없다는 것과 같은 말이다. (…) 그러나 우리 자신이 제작의 규칙이나 척도나 규준을 만들고, 우리의 창조적 충동이 우리의 가장 깊은 가슴속으로부터 솟아오르는 경우에 우리의 작품에서 찾아볼 수 있는 것은 우리 자신일 따름이다.[198]

> 이렇듯 작가가 (자기 작품의) 도처에서 만나는[199] 것은 오직 '자신의' 앎, '자신의' 의지, '자신의' 기도이며, 자기 자신이다. 그는 다만 자신의 주체성과 접촉할 뿐이다.[200]

또한 작품은 그대로 종이와 글자로 이루어진 하나의 즉자en-soi,

---

[198] 장 폴 사르트르, 『문학이란 무엇인가』, pp.59-60.
[199] 작가가 그 자신이 쓴 '작품을 읽으면서 그 안에서'라는 의미이다.
[200] 같은 책, p.62.

곧 사물이다. 그런데 이런 즉자 형태로 있는 작품이 후세의 독자들의 눈에 띌 때, 다시 말해 그들이 이 작품을 읽어 줄 때, 작가는, 더 정확하게는 그의 대자, 곧 그의 정신은 그 독자들의 의식을 통해 되살아난다는 것이 사르트르의 주장이다. 그렇게 되면 작가는 종교에서 말하는 '영생Éternité'과 비슷한 효과를 누릴 수 있게 된다. 다시 말해 그의 작품이 존재하는 한, 후세의 독자들이 존재하는 한, 또 그들이 그의 작품을 읽어 주는 한, 그는 부활할 수 있다는 논리이다.

> 그러다가 1955년경이 되면 유충이 딱 쪼개져서 이절판의 나비 스물다섯 마리가 태어나리라. 이 나비들은 페이지를 날개 삼아 날며 국립도서관의 서가에 가서 앉으리라. 이 나비들은 다른 나다. 나 자신이란 말이다. 스물다섯 권, 본문 만 팔천 페이지, 판화 삼백 매, 그리고 그 가운데에는 저자인 나의 사진도 끼어 있다. 내 뼈는 가죽과 딱딱한 표지로 되어 있고, 양피지가 된 내 살에서는 아교 냄새와 곰팡이 냄새가 난다. 60㎏의 종이에 걸쳐서 나는 흐뭇하게 어깨를 편다. 나는 다시 태어나고 마침내 완전한 인간이 된다. (…) 사람들이 나를 들고 연다. 나를 책상 위에 펼쳐 놓고 손바닥으로 쓰다듬고 또 때로는 파닥거리게 한다.[201]

그로부터 사르트르의 그 유명한 다음과 같은 주장의 일면이 설명

201 장 폴 사르트르, 『말』, pp. 208-209.

된다. 즉 '타자를 위한, 타자에 의한 예술', 곧 '독자를 위한, 독자에 의한 문학'[202]이라는 주장에서 뒷부분이 설명된다. 그렇다면 앞부분은? 거기에서 사르트르의 자기 구원의 문학론은 이른바 '이웃의 구원'을 위한 문학론, 곧 '참여문학론'으로 기울게 된다. 사르트르에 의하면 독자는 작가의 구원에 필수적인 존재이지만, 자유로운 존재이다. 따라서 그는 작가의 작품을 읽다가 항상 중간에서 그만둘 수 있다. 그런데 문제는 독자가 작가의 작품을 읽어 주지 않는다면, 작가의 구원은 물거품이 되고 만다는 데 있다.

그런 만큼 작가는 독자를 위해 작품을 써야 할 필요가 있다. 작가는 독자의 요구를 받아들여 작품을 써야 하는 것이다. 사르트르에 의하면 문학작품이란 '쓰기 행위'의 주체와 '읽기 행위'의 주체인 '작가-독자의 협력'에 의해서만 존재한다. 그런데 사르트르에 의하면 작가가 성실하게 쓰기 행위에 임하는 경우, 그는 그 자신이 몸담고 있는 사회의 지배세력과는 항상 적대 관계에 있고, 그들의 이익에 '유해nuisible'하다. 그런 지배세력에 속하는 자들이 작가의 작품을 읽어 주지 않을 것이다. 그렇다면 누가 작가의 작품을 읽어 줄 것인가?

---

[202] 사르트르에 의하면 작가는 살아 있을 때는 물론이거니와 죽었을 때도 독자의 도움을 필요로 한다. 다시 말해 '독자에 의한 문학'은 작가의 삶과 죽음과는 관계없이 유효하다. 죽은 작가는 후세 독자의 읽기 행위를 통해 소생한다. 또한 작가가 살아 있는 경우에는 독자의 읽기 행위를 통해 그 자신의 존재근거와 존재이유를 확보하게 된다. 이와 같은 메커니즘에 대해서는 졸저, 『사르트르의 《문학이란 무엇인가》 읽기』, pp.155-160 참조.

사르트르는 이 질문에 대해 '잠재독자public virtuel'를 제시한다. 잠재독자란 지금 당장 가난해서, 즉 무산계급에 속해 있어서 교육을 제대로 받지 못하고, 작가의 작품을 구해 볼 수 없지만, 앞으로 상황이 나아지게 되면 충분히 그의 작품을 읽어 줄 수 있는 잠재적 세력이다. 그런데 그들은 당장 자신들의 입장을 하소연하거나 대변하기 위해 글을 쓸 능력이 부족하다. 그런 만큼 작가는, 더 정확하게 말하자면 참여작가는 이런 잠재독자들의 요구를 파악하고, 그들의 이익을 대변하는 글을 써야 한다는 것이다. 그러니까 참여작가의 쓰기 행위는 현재의 불평등한 상황, 지옥과도 같은 상황을 드러내고, 고발하며, 변화시키는 것과 동의어가 되어야 한다는 것이다. 이것이 사르트르가 주장하는 참여문학론의 요체이다. 이런 의미에서 문학은 '작은 실천mini-praxis', 기존폭력에 맞서는 '언어 폭탄bombe verbale', 곧 '언어적 대항폭력contre-violence verbale'으로 여겨질 수 있다.

하지만 사르트르는 1964년 자선적 소설『말』의 출간을 계기로 문학에 부여했던 의미, 즉 자기 구원과 이웃의 구원을 포기하고 만다. 그럼에도 사르트르의 전체 지적 여정에서 보면 쓰기 행위를 바탕으로 하는 문학, 곧 언어적 대항폭력은 기존폭력에 대한 저항에서 순수대항폭력과 경쟁하면서도 상호보완적 역할을 수행했다고 할 수 있다. 앞서 보았던 시나리오『톱니바퀴』에서 장과 뤼시앵의 태도가 그 좋은 예이다.

2

카뮈: 통일성 회복을 위한 문학

사르트르의 문학론과는 달리 카뮈의 문학론은 여기저기 산재해 있다. 카뮈는 『작가수첩』을 비롯해 각종 인터뷰 등을 통해 꾸준하게 자신의 문학에 대한 생각을 단편적으로 개진하고 있다. 그런데 그의 문학에 대한 생각은 주로 1951년에 출간된 『반항하는 인간』에서 '반항과 예술'이라는 제목이 붙은 제4장, 1957년의 노벨문학상 수상 연설문, 그에 이은 웁살라대학 강연문인 「예술가와 그의 시대」에 집약적으로 나타나 있다. 여기서는 이 세 자료를 검토하면서 카뮈의 문학론을 간략하게 제시하고자 한다.

사르트르와 마찬가지로 카뮈에게서도 문학은 이중의 의미를 갖는 것으로 보인다. 개인적인 차원과 집단적 차원에서의 의미이다. 개인적 차원의 의미는 '인간'과 '세계' —자연, 대지 등의 개념과 동의어이다— 와의 잃어버린 '통일성' 회복으로 보인다. 헬레니즘, 곧 그리스 문화의 강한 영향을 받았던 카뮈는 세계와의 관계에서 인간의 특별한 지위를 인정하지 않는다. 인간은 정신, 이성, 의식 등을 통해 이 세계를 지배하고 닦달하는 주체로 이해되지 않는다. 그보다는 오히려 세계를 구성하는 일부로 여겨진다.

세계는 아름답다. 이 세계를 떠나서는 구원이란 있을 수 없다.

> 그 풍경이 내게 차근차근 가르쳐주는 위대한 진실은 바로 정신이
> 란 아무것도 아니라는 것, 마음도 아무것도 아니라는 것 (…). 유일
> 한 세계란 다름 아닌 인간이 없는 자연 바로 그것이다.[203]

그런 만큼 인간은 세계에 있는 다른 존재들과 아름다운 균형을 이루어야 할 것이다. 다시 말해 인간은 세계를 '거부'하지 않고 껴안으면서 그것의 '동의'를 구해야 할 것이다. 그렇게 하면서 인간은 세계와의 공존, 상생, 곧 '통일성'을 확보해야 할 것이다. 카뮈에 의하면 그로부터 인간과 이 세계와의 합일, 곧 '결혼'과 이를 바탕으로 한 삶의 충일, 행복 등이 가능해진다. 요컨대 '내'가 세계와 하나일 때, 나는 "이 세계와의 결혼 하룻날의 나른한 행복"[204]을 맛보게 된다는 것이 카뮈의 주장이다.

그런데 인간과 세계와의 관계는 항상 조화와 화해, 곧 통일성으로 귀착되지 않는다. 그와는 달리 인간과 세계와의 사이에 단절이 있다는 것이 카뮈의 생각이다. 이런 단절은 무엇인가? 그것은 앞서 보았던 '부조리'의 경험이 아닌가! 그렇다면 카뮈가 문학에 부여하는 개인적인 의미는 부조리 개념과 직접적으로 연결되어 있다. 카뮈에게서 부조리를 극복하는 진정하고 유일한 방법은 '반항'이었다. 또한 반항은 단절된 두 항을 다시 결합, 통일시키려는 노력이었다.

[203] 알베르 카뮈, 『결혼』, 『알베르 카뮈 전집 특별판 6』, 김화영 옮김, 책세상, 2010, p.543.
[204] 같은 책, p.500.

그 노력의 결과는 당연히 인간과 세계와의 화해, 조화, 합일, 통일일 것이다. 그렇다면 문학은 당연히 '반항'의 한 방법일 것이다. 그도 그럴 것이 부조리의 극복 수단으로서의 반항이 겨냥하는 지점이 바로 카뮈가 문학을 통해 겨냥하는 인간과 세계의 합일, 조화, 화해, 즉 통일성이기 때문이다. 이렇듯 카뮈에게서 문학은 개인적인 차원에서 '반항의 문학'으로 이해된다.

그런데 이런 관점은 사르트르에게서 문학이 개인의 구원을 추구하는 것과 큰 차이가 없어 보인다. 다만 문학이 겨냥하는 최후 지향점이 다르다고 할 수 있다. 사르트르에게서는 문학이 종교를 대신할 수 있는 개인의 구원의 수단, 영원성을 보장해 줄 수 있는 종교의 대용물로서의 의미를 지녔었다. 다시 말해 사르트르에게는 문학이 '종교성religiosité'을 지닌 '절대'였다. 최소한 『구토』를 쓸 때까지는 그랬다.

하지만 카뮈에게서는 문학 자체가 '절대'가 아니다. "내게 예술이 전부가 아니다. 적어도 그것은 하나의 수단이 되지 않으면 안 된다."[205] 그렇다면 카뮈에게 '절대'는 있는가? 있다면, 그것은 무엇인가? 그것은 바로 '인간'과 '세계'와의 합일, 결혼, 통일성, 즉 "인간과 대지의 저 연인 사이와도 같은 공감"[206]을 느끼는 것이다. 그리고 이것이 카뮈의 '종교'이기도 하다. 카뮈는 이렇게 말하고 있다. "아! 그

---

[205] 알베르 카뮈, 『작가수첩 I』, 『알베르 카뮈 전집 특별판 2』, p.18.
[206] 알베르 카뮈, 『결혼』, p.539.

공감이 아직 나의 종교가 아니라면 지금 당장이라도 나는 그쪽으로 기꺼이 개종하리라."[207] 또한 이런 공감이 이루어지는 곳이 바로 카뮈가 말하는 '왕국'이라고 할 수 있다. 요컨대 카뮈에게서 문학은 이와 같은 절대, 곧 '자연-인간'의 합일에 이르는 하나의 수단인 것이다.

카뮈에게서는 문학이 인간과 세계 사이의 '잃어버린' 통일성의 회복이라는 의미를 갖는다고 했다. 여기서는 '잃어버린'이라는 단어가 중요하다. 그렇다면 인간은 왜 세계와의 관계에서 통일성을 잃어버렸을까? 인간에게서 이 세계와의 조화로운 합일, 조화를 앗아 간 것은 무엇일가? 요컨대 왜 '왕국'은 '적지'가 되어 버렸는가? 또한 어떻게 문학을 통해 '잃어버린' 통일성의 회복, 곧 '적지'에서 '왕국'으로의 전환이 가능한가? 그러기 위해서는 문학, 곧 쓰기 행위의 주체인 작가는 어떤 태도를 견지해야 하는가? 이 물음들은 카뮈에게서 '문학의 집단적 의미가 무엇인가'라는 물음의 하위 물음들로 보인다.

개인적인 차원에서 본다면,[208] 카뮈에게서 통일성 상실의 이유는 '인간'과 '세계' 모두에게 있다고 할 수 있다. 인간이 명석한 의식을 가지지 못하고 습관과 일상생활에 매몰되어 있다면, 그리고 세계가

---

[207] 같은 곳.

[208] 물론 카뮈에게서 인간은 '고립되어 있음'과 동시에 '연대적'이기 때문에 개인적 차원과 집단적 차원의 구분은 불가능하다. 하지만 여기서는 특히 인간들의 세계 ─카뮈에게서는 인간들도 세계의 일부이다─, 곧 현실 사회에서 문학의 역할을 사르트르의 그것과 비교하기 위해 집단적 차원을 따로 분리하면서 논의를 진행한다.

그에게 항상 무관심하고 적대적인 모습을 보여 준다면, 거기에는 당연히 단절이 있을 것이다. 인간과 세계 사이의 통일성은 완벽하지 못할 것이다. 여기에 대해서는 부조리와 개인적인 반항 개념을 통해 이미 지적한 대로이다. 그다음으로 카뮈는 집단적 차원에서 인간과 세계 사이의 통일성 상실의 원인으로 '인간'과 인간 자신의 손에 의해 형성된 '역사'를 제시하고 있다.

앞서 카뮈의 『반항하는 인간』에서 형이상학적 반항과 역사적 반항의 공통점은 '절대'에 대한 반항이라는 점을 지적한 바 있다. 곧 절대 존재인 신에 대한 반항과 신의 죽음을 선언한 후에 새로운 절대의 자리를 차지한 인간에 대한 반항이 그것이었다. 인간을 절대로 여기는 자들은 곧 역사를 절대로 여기는 자들이기도 하다는 것이 카뮈의 주장이다. 왜냐하면 인간은 과거, 현재, 미래로 이어지는 시간의 흐름, 곧 역사 속에서 그 자신이 과거에도 절대였고, 현재에도 절대이며, 앞으로도 절대일 것이라는 사실을 증명해 보여야 하고, 나아가서는 그것을 법칙화하고자 하기 때문이다.

인간이 역사 속에서 자신이 절대라는 것을 증명해 보이는 가장 손쉬운 방법은 바로 그를 에워싸고 있는 세계, 곧 '자연'을 정복하는 것이다. 그러니까 자연에 인간의 정신과 노동을 투사하여 인간화하고 ─헤겔과 마르크스를 생각하자─, 그렇게 해서 인간화된 자연을 정복하고 지배하는 것이다. 아니, 역사 그 자체가 인간의 자연과의 투쟁, 정복의 기록이 아닌가! 그러니까 인간은 자신을 절대로 정립하고, 또 그 위상을 지키는 과정에서 그 자신의 주위의 세계, 곧 자연을 파괴하게 될 것이다.

그런데 여기서 정작 중요한 것은 그 세계, 즉 자연에 '타자들'이 포함되어 있다는 것이다. 타자들도 그 자신들을 에워싸고 있는 세계, 곧 자연의 일부이다. 그렇기 때문에 인간과 자연과의 관계의 파괴, 곧 통일성의 훼손에는 타자들의 파괴도 포함된다. 이런 타자들의 파괴가 살인, 폭력이 아니라면 무엇일 수 있는가? 이것은 그대로 인간들의 사회가 '적지', 즉 "사람이 살지 못할 곳"[209]이 된다는 것을 의미한다. 그렇다. 팡데모니움pandémonium, 곧 '악의 소굴'이 되는 것이다. 그런 만큼 어떤 한 사회와 그 구성원들 사이의 관계는 조화, 상생, 화해와는 거리가 멀다. 이렇듯 그들이 삶을 영위하고 있는 사회는 또 하나의 '잃어버린 통일성'이 출현하는 장소인 것이다.

카뮈에게서 문학이 반항이라는 사실을 상기하자. 또한 반항은 단절된 두 항의 조화, 화해, 합일의 추구와 동의어라는 사실을 상기하자. 그렇다면 카뮈에게서 문학의 주체, 곧 쓰기 행위의 주체인 작가는 그 자신이 몸담고 있는 현실, 곧 사회를 결코 도외시할 수 없다는 결론이 도출된다. 그는 이 사회에 연루되어 있다. 카뮈는 이런 관계를 '참여engagement'라는 말보다는 '승선embarquement'이라는 말로 표현하기를 선호한다.[210] 그러니까 작가는 이 사회라고 하는 "노예선"[211]

---

209 알베르 카뮈, 『여름』, 『알베르 카뮈 전집 특별판 6』, p.60.
210 알베르 카뮈, 『스웨덴 연설』, p.357. 카뮈는 '참여'와 '승선'을 굳이 구분함으로써 그 자신의 문학론과 사르트르의 참여문학론 사이의 차별화를 시도하고 있는 듯하다. 그렇지만 사르트르도 "연루되어 있다(dans le coup)"(Jean-Paul Sartre, "Présentation des *Temps*

218

에 자신의 의지와는 상관없이 올라타 있는 것이다. 그런데 작가와 이 사회와의 관계는 온통 단절투성이다. 그도 그럴 것이 이 사회는 '적지', 곧 악의 소굴이기 때문이다. 이렇듯 작가와 이 사회의 관계의 특징은 조화, 화해, 곧 통일성의 상실이라고 할 수 있다.

그런데 인간은 세계, 곧 자연과의 관계에서 행복을 온전히 향유했던 시절이 있었다. 그는 자연과의 관계에서 통일성을 잃어버리지 않은 상태를 경험한 적이 있었다. 기독교의 시각으로 보면 에덴 동산의 신화가 그 한 예에 해당할 것이다. 또한 서구 유럽에서는 그리스 문화가 그 대표적인 예이다. 서구 철학사를 대표하는 철학자들, 가령 니체를 비롯해 하이데거, 푸코 등이 그리스를 그들 각자의 사유의 고향으로 삼는 것은 우연이 아니다. 예컨대 하이데거는 이른바 인간이 '존재의 소리'를 들을 수 있었던 그리스에 대한 향수를 가지고 있다. 카뮈 역시 그런 부류의 철학자들과 그리 멀리 떨어져 있지 않다. 앞서 카뮈 사상의 배후에 헬레니즘 문화, 곧 그리스 문화가 놓여 있다는 점을 지적한 바 있다.

그런 만큼 작가는 그 자신이 소속되어 있는 사회, 곧 현실과의 관계에서 잃어버린 통일성을 회복하려 한다. 어떻게? 자유로운 문학적 상상력을 통해 '인간-자연', 보다 구체적으로는 '나-타자-자연'과의 통일성, 합일, 결혼을 모델로 삼아 '나-현실 사회(곧 타자들)' 사이

<hr />

modernes", *Situations, II*, Gallimard, 1947, p.12)라는 표현을 쓰고 있다. 그런 만큼 이 두 개념 사이의 차이점은 그다지 크지 않은 것으로 보인다.

211 알베르 카뮈, 『스웨덴 연설』, p.357.

의 상실된 통일성을 수정함으로써이다. 적지인 현실 사회와는 다른 사회, 곧 왕국이 있었다는 것을 기억함으로써이다. 요컨대 적지인 현실 사회와는 다른 사회, 곧 왕국을 자유롭게 꿈꾸게 함으로써이다. 이것이 바로 카뮈가 『반항하는 인간』의 '반항과 예술'이라는 장에서 전개하고 있는 반항으로서의 문학의 요체이다.

하지만 카뮈는 그 과정에서 문학의 주체, 곧 작가의 게으름, 불성실, 무관심, 무책임을 경계하고 비판한다. 카뮈는 작가가 악의 소굴인 현실 사회와는 전혀 관계없는 순전히 공상적인 사회만을 꿈꾸는 것을 경계한다. 왜냐하면 인간, 특히 작가는 그 자신이 살고 있는 현실 사회를 껴안아야 하기 때문이다. 반항은 단절된 두 항의 껴안음, 재합일의 시도가 아니던가?

그렇다고 해서 작가가 현실 사회에 완전히 함몰되어 다른 사회를 꿈꿀 수 없어도 안 된다. 그렇게 되면 작가는 그 자신이 몸담고 있는 이 사회를 '통일성' 아니라 '전체성totalité'의 차원에서 껴안는 것이 되기 때문이다. 그런데 이 전체성의 개념은 카뮈가 가장 두려워하고 배척하는 것이다. 그도 그럴 것이 전체성 개념에는 인간과 역사가 절대라는 생각이 함축되어 있기 때문이다.[212] 요컨대 문학은 현실 사회와의 관계에서 '동의'와 '거부' 사이에, 즉 '애매성'의 상태에 놓여 있다는 것이 카뮈의 진단이다.

---

[212] 카뮈에게서 '통일성'과 '전체성'이 갖는 의미와 그 차이에 대해서는 김세리, 『알베르 카뮈의 미학』, p.222 참고.

예술은 실제로 존재하는 현실에 대한 전적인 거부도 아니고 전적인 동의도 아닙니다. 그것은 거부인 동시에 동의이기 때문에 양극 사이에서 영원히 다시 시작되는 찢어짐일 수밖에 없습니다. 예술가는 현실을 부정할 수 없으면서도 현실의 영원한 불완전함에 영원히 반항할 수밖에 없다는 애매성이야말로 예술가가 처해 있는 상황입니다.[213]

이런 상황에서 작가는 어떻게 할 것인가? 그에게는 세 가지의 선택지가 있다. 첫 번째 선택지는 '적지', 악의 소굴인 현실 사회에 완전히 등을 돌리는 것이다. 예술을 위한 예술, 곧 문학을 위한 문학의 추구가 그 좋은 예이다. 이 경우에 작가는 공허한 형식과 기교만을 추구할 뿐이다. 그런데 이것은 작가의 직무유기에 해당한다. 왜냐하면 그는 현실을 껴안는, 그러면서 거기에서 '진실'을 말한다는 임무를 내팽개치기 때문이다. 또한 그는 현실 사회에서 고통받고 신음하는 '소수들les minoritaires'에게 눈길을 주지 않기 때문이다. 이것은 현실 사회에 대한 이의제기contestation를 포기하는 것이며, 현실 사회를 거부하는 것과 동의어이다.

두 번째 선택지는 첫 번째와는 완전히 반대된다. 이번에 작가는 지나치게 현실 사회를 있는 그대로 받아들이면서 거기에 동의하며 껴안으려고 할 수 있다. 사회주의적 리얼리즘 경향의 문학이 여기

[213] 알베르 카뮈, 『스웨덴 연설』, pp.374-375.

에 해당한다. 하지만 이런 경향을 추구하는 작가가 그리려고 하는 현실 사회는 악의 소굴이다. 따라서 그는 적지, 곧 악의 소굴인 현실 사회의 변화와 개조의 필요성을 앞세울 수밖에 없다. 다시 말해 그는 미래의 유토피아 건설을 구실로 내세우면서 그 자신의 꿈, 상상력, 판단 능력을 움츠러들게 한다. 그런데 이것들은 문학의 정수에 해당하는 '자유'의 구성요소들이 아닌가! 자유가 제대로 그 가치를 발휘하지 못하는 곳에서 문학은 한갓 선전이나 예언의 도구로 전락하기 쉽다. 그 결과는 당연히 문학의 희생, 곧 문학의 죽음으로 나타날 것이다. 문학이 죽어 버린 세계는 풀 한 포기 자랄 수 없는 사막, 곧 새로운 생명이 움틀 수 없는 세계일 것이다.

그렇다면 작가는 어떤 길을 선택할 수 있는가? 이 질문에 대한 답은 자명하다. 첫 번째 선택지와 두 번째 선택지를 둘 다 놓치지 않는 것이다. 그러니까 작가의 세 번째 선택지는 현실 상황에 내한 거부와 그것에 대한 동의를 한꺼번에 조화시키는 것이다. 하지만 이것은 위험하면서도 힘든 모험임에 틀림없다. 그도 그럴 것이 적지와 악의 소굴이 되어 버린 현실 사회를 인정하고 받아들임과 동시에 거기에 대해 이의를 제기하면서 통일성을 회복해야 하기 때문이다.

그런데 이런 작업은 정확히 부조리를 극복하는 과정에서 반항이 단절된 양극단을 재결합시키려고 하는 것과 같은 성질의 것이다. 그런 만큼 작가에게 남은 세 번째 선택지는 곧 '반항'이라고 할 수 있으며, 이런 의미에서 카뮈의 문학론은 집단 차원에서 '반항의 문학론'으로 귀착된다.

이러한 두 경향의 작품들에 있어서는 다 같이 창조 행위 그 자체가 부정되어 버린다. 원래 창조 행위는 현실의 일면을 긍정하는 동시에 현실의 다른 일면을 거부하는 것이었다. 그런데 거기서 한 걸음 더 나아가 창조 행위가 현실 전체를 다 거부해버리든가 혹은 오직 현실만을 긍정하기에 이른다면 절대적 부정 혹은 절대적 긍정 속에서 매번 창조 행위 자체가 부정되고 만다. 보다시피 미학적 차원에서의 이러한 분석은 역사적 차원에서 시도했던 분석과 일치한다.[214]

이렇듯 카뮈는 문학을 반항, 그것도 개인적 반항과 집단적 반항의 유력한 한 수단으로 여기면서 인간이 세계와의 관계에서 잃어버린 통일성의 회복에 기여할 수 있기를 바란다. 물론 그렇다고 해서 카뮈가 문학을 반항을 위한 단순한 '도구'의 차원으로 떨어뜨리는 것은 결코 아니다. 카뮈는 이렇게 말하고 있다. "예술적인 품질을 갖추지 못한 혁명적 작품이란 성립하지 않는다."[215]

이렇듯 고도의 문학성을 갖춤과 동시에 반항으로서의 역할을 충실히 수행할 수 있는 문학, 곧 '빛'과 '어둠' 사이의 긴장감을 유지하면서 균형 잡힌 문학, 소수자의 고통에 주의하면서도 인간이 추구하는 보편적 가치를 도외시하지 않는 균형 잡힌 문학,[216] 이것이 카뮈

---

214 알베르 카뮈, 『반항하는 인간』, p.768.
215 알베르 카뮈, 『문학비평』, p.494.
216 이와 같은 문학은 "절망한 문학"(알베르 카뮈, 『여름』, p.68)과 대조된다. 또한 이와 같은 카

가 추구하는 문학이라고 할 수 있다.

예술가가 현실을 거부할 수 없는 것은 그 현실에 현실을 넘어서
는 정당성을 부여할 책무가 그에게 있기 때문이다. 현실을 무시한
다면 그 현실에 어떻게 정당성을 부여할 수 있겠는가? 그러나 바로
그 현실에 예속되는 존재가 된다면 그 현실을 어떻게 변화시킬 수
있겠는가? 서로 상반된 이 두 가지 운동과 맞서서 진정한 천재는
어둠과 빛 사이에 놓인 렘브란트의 철학자처럼 침착하면서도 기
이한 자세로 몸을 가누며 버티고 서 있는 것이다.[217]

3
|
Engagement(참여)과
Embarquement(승선)

그런데 이와 같은 카뮈의 문학관은 얼마나 사르트르의 그것과 유
사한가! 또 얼마나 다른가! 앞서 언급한 것처럼 사르트르에게서 개
인적으로 문학은 종교의 대용물이었다. 사르트르는 문학을 구원의

뮈의 문학관은 그 스스로 "가장 존중하는 미덕"으로 규정한 "삶의 그 어느 것 하나도 마
다하지 않고 살려는 의지"(같은 책, p.81)의 소산이라고 할 수도 있을 것이다.
[217] 알베르 카뮈, 『문학비평』, pp.425-426.

수단으로 여겼고, 그런 만큼 문학을 '절대'로 여겼다. 그 반면에 카뮈는 개인적 차원에서 문학 그 자체를 '절대'로 여기지 않았다. 그와는 달리 카뮈는 '인간-자연'의 합일, 결혼, 통일성을 그 자신의 '종교', 곧 절대로 삼았고, 문학은 거기에 이르는 유력한 하나의 수단으로 여겼다.

이와 같은 차이점에도 불구하고 사르트르와 카뮈의 문학론은, 특히 집단적 차원에서 보면 오히려 유사점이 더 크다고 할 수 있다. 물론 카뮈는 '참여'보다는 '승선'이라는 단어를 제시했다. 하지만 이것은 표면상의 차이에 불과한 것으로 보인다. 두 사람 모두 작가가 "상황에 처해en situation"[218] 있다는 사실, 곧 현실 사회라는 '노예선'에 타고 있다는 사실을 받아들인다. 그들은 공히 작가가 그 상황, 곧 현실 사회에 대해 무관심하거나 무책임해서는 안 된다고 주장한다. 그들은 또한 작가가 그 현실 사회를 "꼭 껴안아야 한다embrasse étroitement"[219]는 사실에 동의한다. 또한 '적지', 악의 소굴이 되어 버린 현실 사회에 이의를 제기하면서 거부하고, 궁극적으로는 그 사회를 변화, 치유, 회복시켜야 한다는 점에서도 두 사람은 같은 의견을 보이고 있다.

그럼에도 한 가지 차이가 두드러진다. 사르트르의 문학론, 특히 그의 참여문학론의 핵심 주제는 바로 "인간이 절대이다l'homme est un

---

218 Jean-Paul Sartre, "Présentation des *Temps modernes*", p.13.
219 같은 책, p.12.

제4장 문학론 비교제4장 문학론 비교

225

absolu",[220]라는 단언이다. 그런 만큼 사르트르는 인간이 절대가 되지 못하는 모든 사회를 거부하고, 거기에 이의제기를 하는 것이 문학의 "사회적 기능fonction sociale"[221]이라고 주장한다. 참여문학론의 요체는 글쓰기가 드러내기, 고발하기, 변화시키기라는 점을 기억하자. 따라서 사르트르는 문학이 "총체적인 인간homme total",[222] 곧 이 세계의 중심이자 다른 인간과의 관계에서 '수단'이 아니라 '목적'으로 여겨지는 그런 인간의 재탄생에 기여하기를 바란다.

이것이 바로 사르트르가 주장하는 문학을 통한 인간의 "해방 libération"[223]이다. 사르트르는 그 과정을 "종합적 인간학anthropologie synthétique"[224]의 정립 과정으로 규정한다. 하지만 사르트르는 문학성이 있는 작품을 강조하고 있다. 그러니까 문학작품은 문학성에서뿐만 아니라 참여 정신의 구현에서도 뛰어나야 한다는 원칙을 내세우고 있는 것이다.

그렇다면 카뮈는 어떤가? 앞서 보았듯이 집단적 차원에서 카뮈 역시 사르트르와 거의 같은 문학론을 펼치고 있다고 할 수 있다. 카뮈는 노벨상 수상 연설에서 이렇게 말하고 있다. 예술, 곧 문학은

---

220 `같은 책, p.15.
221 같은 책, p.16.
222 같은 책, p.28. 사르트르는 "총체적(totalitaire)"(또는 "전체적")(같은 책, p.17)이라고 규정하기도 한다. 하지만 이 단어, 특히 '전체적'이라는 단어는 '전체주의'를 연상시킬 위험성이 다분하다. 사르트르 자신도 이 점을 지적하고 있다. 따라서 "총체적"이라고 옮기고자 한다.
223 같은 책, p.23.
224 같은 곳.

"인간의 공통적인 괴로움과 기쁨의 유별난 이미지를 제시함으로써 최대 다수의 사람들을 감동시키는 수단"이라고 말이다.[225] 또한 카뮈는 같은 기회에 이렇게 말하고 있다. "작가의 사명은 최대 다수의 사람들을 융합시키는 것이므로 거짓과 굴종을 받아들일 수는 없습니다"라고 말이다.[226]

또한 카뮈는 그렇게 하기 위해 작가가 수행해야 할 두 가지 임무를 제시한다. "진실"과 "자유"의 임무가 그것이다. 작가는 현실 사회를 거부하지 않고 그대로 받아들이며 드러냄과 동시에 ─이것이 '진실'의 임무이다─ 거기에 통일성을 부여하기 위해, 즉 '적지'가 되어버린 현실 사회를 다시 '왕국'으로 만들기 위해 과거 행복했던 '나-타자들-자연'과의 행복했던 합일, 결혼, 통일성을 기억하면서 그것을 모델로 삼아 현실 사회를 보완, 치유해야 한다고 말이다 ─ 이것이 '자유'의 임무이다. 요컨대 이것이 바로 카뮈의 '반항으로서의 문학'의 핵심 테제라고 할 수 있다.

> 다만, 그러기 위해서는 작가라는 직업의 위대성을 보증하는 두 가지 짐을 능력이 닿는 한 짊어진다는 조건을 충족시켜야 합니다. 그 두 가지 짐이란 다름이 아니라 진실에 대한 섬김과 자유에 대한 섬김입니다.[227]

---

[225] 알베르 카뮈, 『스웨덴 연설』, p.350.
[226] 같은 책, p.352.
[227] 같은 곳.

그런데 바로 거기에서 사르트르와 카뮈의 문학론의 차이가 발견된다. 사르트르의 문학론에서는 '자연', '대지', '우주' 등과 같은 개념들이 큰 의미를 갖지 않는다. 그에게 중요한 것은 오로지 '인간'이다. 그러니까 '절대'로서의 인간이 중요하다. 문학은 인간을 목적이 아니라 수단으로 삼는 사회적 조건을 바꿔 인간을 해방시켜야 하는 것이다. 요컨대 '총체적', '종합적' 인간을 재탄생시켜야 하는 것이 사르트르가 생각하는 문학의 사회적 기능이다.

이에 반해 카뮈의 문학론에서는 '자연', '대지', '우주'가 더 근본적이다. 카뮈에게서 인간은 절대가 아니다. 인간은 자연의 일부로 여겨진다. 그렇기 때문에 카뮈에게서는 인간과 인간 사이의 관계 회복 역시 자연이라는 더 큰 틀 안에서 이루어질 것이 촉구된다. 카뮈는 과거에 자연과 하나를 이루어 행복을 향유했던 시절에 대한 향수를 가시면서, 그때 이룩했던 통일성을 모델로 삼아 인간과 역사가 지배하는 거칠고 험난한 현실 사회에서 상처받은 통일성을 회복하고 치유하도록 하는 것이 바로 문학의 역할이라고 주장한다.

하지만 '자연'과 관련된 이와 같은 차이점도 사르트르와 카뮈의 문학론을 가르는 큰 차이점이 되지 못하는 것으로 보인다. 놀랍게도 사르트르는 《현대》지 창간사에서 이렇게 말하고 있다. "글을 쓰든, 자동 공정의 일을 하든, 여자를 선택하든 넥타이를 선택하든 인간은 항상 드러낸다. 그는 그 자신의 직업 환경, 가족, 계급을 드러낸다. 그리고 종국에는 그가 이 세계 전체와의 관계에서 상황 지어져 있기 때문에, 그는 이 세계를 드러낸다. 한 명의 인간, 그것은 대지 전체이다Un homme, c'est toute la terre. 그는 모든 곳에 현존해 있다. 그는 모든 곳에서 행동한다. 그는 모든 것에 책임이 있다."[228] 이와 같은 사르트르의 단언은 대지, 자연, 우주와 인간 사이의 통일성을 희구하는 카뮈의 생각에서 그다지 멀리 떨어져 있지 않다. 이런 사실을 고려하면 사르트르와 카뮈의 문학론은 집단적 차원에서 거의 차이가 없는 것으로 보인다.

[228] Jean-Paul Sartre, "Présentation des *Temps modernes*", pp.22-23.

글을 맺으며

1

비교하지 못한 것

    사르트르와 카뮈의 '형제-적' 관계의 전모를 살펴보기 위해서는 각자의 자서전이라고 할 수 있는 『말』과 『전락』을 비교해 보아야 할 것이다. 하지만 이 책의 분량 제한으로 인해 두 작품을 비교하지 못했다.[229] 어쩌면 이 두 작품은 사르트르와 카뮈 사이의 '마지막 대화' 였다고 할 수 있다.

    실제로 사르트르와 카뮈는 '친구-적' 관계를 유지하면서 계속 '대화'를 주고받았다. 그들은 일상생활에서 문학, 철학 등에 대해 진지한 얘기를 나눈 적은 거의 없다고 한다. 오히려 그들은 그런 진지한

---

[229] 또 한 가지 비교하지 못한 것은 알제리 문제를 둘러싼 사르트르와 카뮈의 입장 비교이다. 알제리 문제를 둘러싼 두 사람의 입장에 대해서는 노서경, 『알제리전쟁 1954-1962: 생각하는 사람들의 식민지 항쟁』, 문학동네, 2017 참고.

얘기를 '책'을 통해 나누었다고 할 수 있다. 앞서 살펴본 것처럼 두 사람의 대화는 지중해를 사이에 두고 『구토』와 『벽』에 대한 카뮈의 서평과 『이방인』에 대한 사르트르의 서평으로 시작되었다. 얼굴을 직접 보기도 전에 대화가 이루어진 것이다.

그 이후로 『존재와 무』-『파리떼』-『닫힌 방』-『자유의 길』의 사르트르와 『시지프 신화』-『오해』-『칼리굴라』의 카뮈, 『더러운 손』-『무덤 없는 주검』-『변증법적 이성비판』-『악마와 선한 신』-『알토나의 유폐자들』의 사르트르와 『정의의 사람들』-『페스트』-『반항하는 인간』의 카뮈 사이의 대화로 이어졌다. 그리고 『말』과 『전락』의 사르트르와 카뮈 사이의 마지막 대화[230]가 있다.

『전락』과 『말』[231]에서 카뮈와 사르트르는 각자 "나는 왜 이런 사람이 되었는가?"라는 질문을 던지면서 상대방에게 자신의 입장을 진솔하게 해명하고 있는 것으로 보인다. 『전락』의 주인공 장바티스트 클라망스Jean-Baptiste Clamence는 이른바 '고해자-심판자juge-pénitent'로 등장한다. 파리에서 잘나가는 변호사였던 그는 지금 "운하와 싸늘한 빛의 도시 암스테르담"[232]의 한 술집에 있다. 그곳에서 그는 자신의 과거를 돌아보며 자기 이야기를 들어 줄 사람을 기다리고 있다.

---

[230] 카뮈의 유고작인 『최초의 인간(*Le Premier homme*)』도 이 마지막 대화에 포함시킬 수 있을 것이다. 그도 그럴 것이 이 작품은 카뮈의 자전적 소설에 해당하기 때문이다.

[231] 『전락』이 1956년에, 『말』이 1964년에 출간되었기 때문에 『전락』을 먼저 다루고 이어서 『말』을 다룬다.

[232] 알베르 카뮈, 『전락』, 『알베르 카뮈 전집 특별판 6』, p.98(작가의 말).

이 작품을 쓰기 전에 카뮈는 『반항하는 인간』에서 촉발된 사르트르와 그의 진영과의 논쟁에서 심한 타격을 입었다. 그 뒤로 침묵을 지키다가 다시 시작한 창작의 첫 번째 결과물이 바로 『전락』이다. 다시 말해 이 작품은 이른바 "사막 횡단traversée du désert"[233]이라고 불리는 기간을 지난 후에 출간된 첫 번째 작품이다. 1956년에 출간된 이 작품에서 카뮈는 클라망스의 입을 통해 우선 자기 자신의 잘못을 고백하면서 비난한다. 하지만 이것은 다른 사람들을 더욱 확실하게 비판하기 위한 고도의 전략이다. 여기서 다른 사람들이란 특히 『반항하는 인간』의 출간을 계기로 발생했던 논쟁에서 사르트르와 그의 진영에 가담했던 프랑스 좌파 지식인들이라고 할 수 있다. 그러니까 진보적 폭력과 '목적-수단'의 문제에서 목적이 폭력과 살인을 포함한 모든 수단을 정당화할 수 있다는 논지를 전개한 자들이 그들이다.

실제로 카뮈는 『전락』에 '우리 시대의 영웅Un héros de notre temps'이라는 제목을 붙이려고 했다고 한다. 이 작품에서 '고해자'의 자격으로 자신을 먼저 심판하고 참회하는 클라망스, 그리고 '재판관'의 자격으로 그와 동시대를 살았던 자들을, 특히 좌파 지식인들을 심판하고, 그들에게 '초상화-거울'을 내밀면서 반성을 촉구하는 클라망스는 심판과 고해의 아이러니를 가장 완벽하게 보여 주고 있는 '우리 시대의 영웅'이라 할 수 있을 것이다.

[233] 이기언, 『지성인 알베르 카뮈』, p.255.

사르트르의 자전적 소설인 『말』은 1964년에 출간되었다. "읽기 Lire"와 "쓰기Écrire"의 두 부분으로 구성된 이 작품에서 사르트르는 1964년 현재 그 자신이 왜, 어떻게 해서 다른 작가가 아닌 그 당시의 모습 그대로의 작가가 되었는가를 진단하고 있다. 이를 위해 사르트르는 그 자신이 『존재와 무』에서 프로이트의 정신분석을 비판적으로 수용해서 정립한 "실존적 정신분석psychanalyse existentielle"을 적용하고 있다.

실존적 정신분석에서 중요한 것은 피분석자의 과거로 거슬러 올라가서 그의 전체 삶을 결정하게 되는 하나의 결정적 사건을 포착하는 것이다. '근원적 사건événement originel'이 그것이다. 사르트르에 의하면 피분석자는 이 사건에서 출발해서 그 자신을 미래를 향해 기투하면서 삶을 영위하게 된다. 요컨대 이 사건은 피분석자의 '근원적 선택choix originel'을 결정짓는 사건이다. 사르트르는 『말』에서 그 자신의 근원적 선택을 결정짓는 사건으로 '아버지의 죽음'을 제시하고 있다. 실제로 사르트르의 아버지는 그가 채 1살이 되지 않았을 때 세상을 떠났다.

사르트르에게서 아버지의 때 이른 죽음은 그 자신의 존재 정당화를 위한 유력한 길의 상실을 의미한다. 정신분석학에서 아버지는 보통 자식과의 관계에서 '억압의 주체'이기도 하지만 또한 '동일화의 대상'이기도 하다. 사르트르는 아버지의 죽음으로 인해 억압을 경험하지 않고 자유를 얻었다.[234] 하지만 그 대가는 비쌌다. 왜냐하면 막강한 존재론적 힘을 가진 외할아버지 샤를 슈바이처Charles Schweitzer

앞에서 그 자신의 존재 정당화를 위한 '코미디comédie'를 해야 했기 때문이다. 실제로 아버지의 죽음 이후에 사르트르는 홀로된 젊은 어머니와 함께 외할아버지 집에서 살게 되었다.

사르트르에게서는 '가짐Avoir'이 '있음Etre'을 결정한다. 아버지의 죽음으로 인해 경제적으로 가난했던 사르트르는 '존재의 빈곤성pauvreté de l'être'에 괴로워한다. 이런 존재의 빈곤성을 벌충해 주는 사람이 외할아버지였다. 사르트르의 아버지가 살아 있었더라면 그 역할은 당연히 아버지의 몫이었을 것이다. 사르트르는 『말』에서 외할아버지를 비롯한 주위의 어른들과의 관계에서 그의 행동을 지배하는 하나의 정언명령은 바로 그들의 "환심을 사는 것plaire"이라고 말하고 있다.[235] 물론 그 목적은 그들의 관심을 끌고, 그들의 시선에 의해 그 자신의 존재를 정당화하기 위함이다. 그렇게 해서 사르트르는 점차 코미디를 배우고 거기에 빠져들게 된다. 극단적으로 사르트르는 그 자신을 "전도유망한 강아지"[236]였다고 술회하고 있다.

『말』의 앞부분인 "읽기"에서 사르트르는 그 자신이 어떻게 읽기 코미디로 빠져들었는가를 보여 주고 있다. 글자도 모르는 어린아이가 두꺼운 책을 읽는 척하면 어른들은 그에 대해 관심을 보일 뿐만 아니라 그의 재능을 높이 평가하면서 칭찬을 하기도 한다. 이런 코미디는 급기야 "쓰기" 코미디로 이어진다. 이 코미디가 『말』의 두 번째

---

234 장 폴 사르트르, 『말』, p.21.

235 같은 책, p.37.

236 같은 책, p.35.

부분에 해당한다. 글을 쓸 줄 알게 된 사르트르는 다른 작가들의 글을 베끼는 놀이를 하다가 점차 창작 놀이로 옮겨 간다. 그가 창작 놀이에서 가장 좋아하는 장면은 위험에 빠진 주인공과 그를 구하는 영웅이 출현하는 장면이다. 사르트르는 항상 구조자, 곧 영웅 역할을 맡는다. 그래야만 위험에 빠진 자들로부터 박수갈채를 받게 되고, 또 그들에게 '필요한 존재'라는 위상을 부여받게 되기 때문이다. 그런데 이런 과정은 자연스럽게 사르트르의 존재 정당화로 이어진다.

사르트르는 이처럼 『말』에서 그 자신에 대해 거리를 두며 실존적 정신분석을 하면서 1964년 당시의 그 자신의 모습을 해부하고 있다. 그 핵심적인 내용은 사르트르 자신이 다른 사람들의 눈을 통해 그 자신의 이미지를 얻는 코미디와 그렇게 해서 그 자신의 존재를 정당화하는 코미디에 아주 익숙해 있었다는 것이다. 사르트르가 보여 주고 있는 이와 같은 태도는 어쩌면 카뮈와의 침묵의 대화(왜냐하면 카뮈는 1960년에 교통사고로 죽었기 때문에)에서 『반항하는 인간』을 둘러싸고 발생했던 그와의 논쟁을 회고하면서 사르트르가 보여 준 그 나름의 참회적 고백이라고도 할 수 있을 것이다.

또한 앞서 언급한 것처럼, 이와 같은 사르트르의 『말』에 대한 카뮈의 대화는 어쩌면 유고작 『최초의 인간』으로 이어진다고 할 수 있을지도 모른다. 왜냐하면 이 작품에는 카뮈의 유년 시절을 비롯한 자전적 내용이 주를 이루기 때문이다. 우리는 언젠가 『전락』-『말』-『첫 번째 인간』을 엮어 비교, 분석해 보는 기회를 갖기 위해 노력할 것이다.

2

프레너미

우정의 요소: 구토와 부조리

지금까지 살펴본 사르트르와 카뮈, 카뮈와 사르트르 사이의 '친구-적' 관계를 정리해 보자. 20세기 초중엽에 성장했고 교육을 받았던 두 사람은 유사한 동시대의 감수성을 가졌다는 사실을 지적했다. 사르트르에게서는 그런 감수성이 '구토'로 표현되었고, 카뮈에게서는 '부조리'로 표현되었다. 구토는 특히 인간의 이성, 언어, 관념 등에 의해 항상 지배된다고 여겨지는 사물의 반란이라고 할 수 있다. 사실, 사물은 언제나 그 본연의 모습을 보이고 있다. 그러니까 사물은 그 나상을 항상 드러내 보이고 있다. 다만, 인간이 일상생활과 습관에 매몰되어 그런 나상을 보지 못하는 것뿐이다. 그러다가 그런 인간이 명석한 의식을 가지게 될 때 그런 사물의 나상을 보게 되는 것이다. 그때 인간이 느끼는 익숙하지 않은 음산한 느낌, 기분, 그것이 바로 구토였다.

카뮈에게서도 비슷하다. 카뮈에 따르면 인간을 에워싸고 있는 세계는 항상 다른 얼굴을 보여 준다. 어떤 때는 익숙하고 자연스러운 모습을, 또 어떤 때는 무관심하고 거친 모습을 보여 준다. 인간은 습관과 일상생활에 젖어 이 세계가 보여 주는 익숙한 모습과 리듬에 맞춰 살아간다. 그러다가 갑자기 이 세계와의 관계가 무너지는 순간, 단절되는 순간에 직면하게 된다. 부조리의 징후가 나타나는 순간이다. 그 순간에 인간의 사유가 비틀거리면서 황량한 사막과도 같은 세계를 마주하게 되고, 그 세계를 이해하고자 노력하게 된다.

구토와 부조리는 간헐적으로 느끼고 각성해야 한다. 하지만 항상 구토와 부조리를 느끼고 각성한다면, 그것은 정상적인 생활이 아니다. 가끔 느끼고 각성하게 되는 구토와 부조리는 인간의 정신적 성장, 고양의 큰 계기가 된다. 그렇다고 하더라고 구토와 부조리는 치유 또는 극복되어야 한다. 사르트르는 구토 극복을 위해 '문학'을 그 수단으로 제시한다. 문학작품은 필연성의 세계이다. 또한 작가는 그 문학작품이 이 세계에 출현하기 위해 필연적으로 요청되는 존재이다. 그런 만큼 작가는 문학작품 창작을 통해 우연성에서 벗어나 필연성의 세계로 진입하게 된다.

카뮈는 부조리를 극복하는 방법으로 자살, 종교, 반항을 내세운다. 하지만 자살과 종교는 부조리를 극복하는 진정한 방법이 못 된다. 카뮈는 반항을 통한 부조리의 극복을 주장한다. 부조리는 그것을 이루는 인간과 자연 사이가 단절되었다는 감정이다. 반항은 이처럼 단절된 두 항인 인간과 자연 사이를 결합, 화해, 결혼시키려는 노력이다. 따라서 반항은 인간과 세계 사이의 통일성을 다시 찾으려는 집념 어린 시도이다. 굴러 떨어지는 바위를 다시 정상으로 밀어올리고 있는 시지프의 모습이 바로 반항의 전형적인 모습이다.

갈등의 요소: 인간, 역사, 폭력

이처럼 구토와 부조리 개념을 통해 비슷한 감수성으로 동시대를 바라보았고, 2차 세계대전 중에 조국 프랑스의 해방을 위해 레지스탕스 운동에 가담했던 사르트르와 카뮈는 점차 차이를 드러낸다. 그 계기는 전쟁 직후에 프랑스를 지배했던 이른바 '좌파 신화', '혁명 신화'였다. 마르크스주의에 바탕을 두고 구소련의 지시를 받아 움직이던 PCF는 레지스탕스 운동에서의 공헌으로 전쟁의 종식과 더불어 프랑스 제1의 정치세력으로 부상하게 된다. 그 과정에서 프랑스의 대표적 지식인들의 이념적 좌표가 뚜렷하게 드러나게 된다. 사르트르와 카뮈 역시 각자의 좌표가 확연하게 다르다는 점을 확인하게 되고, 급기야는 1951년에 카뮈의 『반항하는 인간』의 출간을 계기로 갈라져 적대적인 관계를 유지하게 된다.

사르트르와 카뮈 사이를 갈라놓은 핵심 테제는 인간, 역사, 폭력이라고 할 수 있다. 사르트르는 인간을 '절대'로 본다. 특히 자연, 곧 세계와의 관계에서 인간은 의식의 주체로서 중심의 자리를 차지한다. 인간은 의미 생산의 주체이며 만물의 영장이다. 따라서 인간은 자연을 지배하는 입장에 있게 된다. 하지만 사르트르에게서 인간들 사이의 관계, 곧 '나-타자' 사이의 관계는 갈등과 투쟁으로 귀결된다. 물론 타자는 나의 존재를 위한 유용한 존재이기는 하다. 하지만 사르트르에게서 타자는 나의 '지옥'으로서의 의미가 더 우세하다. 게다가 이와 같은 논리는 다수의 인간에 의해 형성되는 집단 사이의 관계에서도 그대로 적용된다.

반면, 카뮈에게서는 인간이 절대가 아니다. 카뮈는 인간을 자연, 세계의 일부로 이해한다. 그로부터 인간과 자연 사이의 화해, 합일, 결혼, 곧 통일성이 요청된다. 그리고 이와 같은 '인간-자연'의 결혼이 곧 카뮈의 '절대'이다. 그것이 곧 그의 종교이기도 하다. 그런데 이와 같은 자연, 세계에는 다른 인간들도 포함되어 있다. 그런 만큼 카뮈에게서 '나-타자'의 관계는 '형제', '동지' 관계일 수밖에 없다. 타자는 나의 '낙원', '신'으로 여겨진다. 그로부터 '우리' 존재가 '나'의 존재보다 앞선다는 논리가 도출된다. 물론 이때의 '나'와 '우리'는 부조리에 대한 반항을 전제로 한다.

인간과 집단에 대한 이와 같은 사르트르와 카뮈의 차이는 '역사'를 이해하는 방식의 차이로 이어진다. 사르트르는 마르크스를 따라 '폭력'을 '역사의 산파'로 본다. 사르트르에 따르면 기존폭력 아래서 신음하고 고통을 받는 집단(집렬체)이 극한 상황에 이르게 되면, 하나로 뭉쳐 순수대항폭력에 호소하며 단결해 '우리'(융화집단)가 되면서 기존폭력을 제압하게 된다. 또한 그런 과정을 통해 '우리'가 형성되었을 때, 이 집단을 존속시키기 위해 '서약'에 바탕을 둔 또 다른 폭력(동지애-공포)에 호소할 수밖에 없다.

이렇게 해서 사르트르는 이른바 미래의 유토피아의 건설을 위해서 현재에 자행되는 폭력, 곧 '진보적 폭력'을 인정하고 수용한다. 그렇다고 해서 사르트르가 '우리'의 형성에 있어 '폭력'에만 호소하는 것은 아니다. 쓰기 행위, 곧 문학에 언어적 대항폭력 기능을 부여하기도 했다. 이른바 '이웃의 구원'을 위한 문학론, 곧 '참여문학론'이 그것이다.

하지만 카뮈의 입장은 다르다. 카뮈는 역사의 발전에서 폭력이 맡고 있는 '역사의 산파' 역할을 인정하지 않는다. 그러니까 그는 '진보적 폭력' 개념을 무조건 인정하고 수용하지 않는다. 물론 카뮈도 인간들로 이루어진 사회가 유토피아로 나아갈 수 있는 가능성과 또 나아가야 하는 필요성을 부인하지는 않는다. 또한 그 과정에서 극단적이고 불가피한 경우에 폭력에 호소할 수도 있음을 부인하지 않는다. 다만, 그 경우에도 '한계'가 있는 폭력 사용을 주장한다. 또한 폭력에 호소한 주체는 폭력 사용에 따른 피해, 특히 인명 피해에 대한 책임을 져야 한다.

예컨대 한 명의 테러리스트가 자신의 테러로 인해 살해당한 사람의 목숨을 자신의 목숨과 맞바꾸는 경우가 거기에 해당한다. 이른바 '정오 사상'에 입각한 '진정한 반항'이 그것이다. 카뮈는 또한 문학을 통한 반항도 주장한다. 카뮈는 다만 문학이 미래의 유토피아의 건설을 위해 지금, 여기의 현실 사회를 직접 변화시키는 것보다는 오히려 문학이 '나-타자들-자연' 사이의 행복했던 합일, 결혼을 기억하면서 '적지'가 되어 버린 현실 사회와의 훼손된 통일성을 회복, 치유할 가능성에 더 큰 비중을 두고 있다.

3

남긴 것

편집장님 귀하,

풍자적인 제목하에 귀하의 잡지가 나에 대해 할애한 글을 빌미 삼아 나는 그 글이 증언해 보이고 있는 지적 방법과 태도에 대한 몇 가지 소견을 귀지의 독자들에게 밝히고자 합니다.

친애하는 카뮈,

우리들 사이의 우정은 쉬운 것이 못 되었지만 그래도 나는 그것을 잃어버린 것을 아쉬워하게 될 것입니다. 당신이 그 우정을 오늘에 와서 끊어 버리는 것을 보면 아마도 그 우정은 끊어져야 마땅한 것일 테지요. 우리를 서로 가깝게 만들어 준 것은 많았고, 우리를 갈라놓은 것은 얼마 되지 않았었습니다. 그러나 그 얼마 안 되는 것도 아직은 지나치게 많은 모양입니다. (…) 하지만 유감스럽게도 당신이 그토록 고의적으로, 그리고 그토록 불쾌한 어조로 나를 지목하여 문제 삼았기 때문에 그냥 침묵을 지키고 있다가는 체면을 유지할 수 없는 형편이 되고 말았습니다. 그래서 나는 대답하겠습니다. 아무런 분노도 느끼지 않는 채, 그러나 내가 당신을 알게 된 이후 처음으로, 앞뒤 사정 보지 않고 대답하겠습니다.

앞의 편지는 《현대》지에 실렸던 프랑시스 장송의 『반항하는 인간』 서평에 대한 카뮈의 공개서한 중 일부이다. 뒤의 편지는 카뮈의 이 공개서한에 대한 사르트르의 공개답신의 일부이다. 잘 알려져 있지만 사르트르와 카뮈의 논쟁은 《현대》지를 중심으로 전개되었다. 1951년 11월에 카뮈의 『반항하는 인간』이 출간되었고, 이에 대해 1952년 5월에 장송이 《현대》지에 「알베르 카뮈 혹은 반항하는 영혼」이라는 제목의 서평을 발표했다. 이 서평에 대해 카뮈는 1952년 8월에 「반항과 굴종」이라는 제목의 편지를 《현대》지에 싣는다. 그에 대한 응수로 사르트르와 장송은 1952년 8월에 《현대》지에 각각 「카뮈에게 보내는 답변」과 「당신에게 모두 말하자면」이라는 편지와 글을 싣게 된다.

그것으로 사르트르와 카뮈의 관계는 끝이었다. 10년 동안 쌓였던 두 사람의 돈독한 우정이 깨져 버린 것이다. "지성의 전방위에서 열심히 일하는 거대한 일꾼, 밤의 감시자."[237] 이것은 프랑스 시인 오디베르티Jacques Audiberti가 사르트르를 묘사한 말이다. "진실과 정의를 위해 열정을 불태웠던 진지한 인간."[238] 이것은 카뮈의 은사였던 그르니에Jean Grenier가 카뮈를 묘사한 말이다. 이처럼 20세기를 화려하게 수놓았으며, 세계적인 명성을 얻었던 작가, 사상가, 지식인이었던 두 거인이 충돌하였고, 급기야는 '적'이 되고 만 것이다.

---

[237] Michel Contat & Michel Rybalka, *Les Ecrits de Sartre*, p.11.
[238] Jean Grenier, *Albert Camus-souvenirs*, Gallimard, 1968, p.149.

이 책을 마치면서 사르트르와 카뮈의 공개서한과 장송의 서평을 깊이 분석할 여유는 없다. 여기서는 단지 사르트르와 카뮈, 카뮈와 사르트르 두 사람의 '형제-적' 관계로부터 어떤 교훈을 얻을 수 있는지를 간략하게 지적하고자 한다. 이런 작업은 21세기라는 새로운 밀레니엄으로 들어선 지 20년이 지난 지금으로부터 20세기 중반에 있었던 '우리 인류'의 과거에 대한 반성과 성찰이라고 할 수 있을 것이다. 그도 그럴 것이 우리나라는 20세기 중후반에 있었던 이데올로기 대립의 산물인 냉전의 유산을 아직까지 청산하지 못하고 있기 때문이다.

방금 언급한 우리의 과거에 대한 반성 및 성찰 작업과 관련하여 '카뮈의 복권復權' 과정을 살펴보는 것은 아주 흥미롭다. 실제로 이 과정을 일별하는 것이 곧 사르트르와 카뮈의 '프레너미' 관계의 의의를 살펴보는 것과 그 궤를 같이한다고 할 수 있기 때문이다. 주지하다시피 카뮈는 사르트르와의 결별 이후에 한동안 침묵을 지키게 된다. 이른바 사막의 횡단이었다. 이 기간에 냉전이 극에 달하게 되고 '진보적 폭력', '목적-수단' 관계의 문제에서 사르트르의 입장이 카뮈의 입장보다 더 많은 지지를 받게 된다. 하지만 그런 상황이 아주 오래가지는 않는다. 1956년 구소련의 헝가리 침공 사태를 계기로 많은 지성인들이 구소련에 대해 등을 돌리기 시작한다. 그사이에 카뮈는 침묵을 깨고 1956년에 『전락』을 발표하며, 1957년에 노벨문학상을 수상하게 된다. 하지만 1960년에 불의의 교통사고로 세상을 떠나게 된다.

그 뒤로 카뮈와 사르트르의 관계는 사르트르의 독백의 연속이었다고 해도 과언이 아니다. 죽은 자는 말이 없는 법이니까. 카뮈에 대한 추도사를 비롯해 인터뷰 등과 같은 기회가 있을 때마다 사르트르는 카뮈를 옹호하면서도 자신의 입장을 변호했다. 게다가 사르트르의 입장은 1950년도 초중반을 거치면서 급격하게 구소련과 밀월 관계를 유지하게 된다. 물론 사르트르도 1956년 헝가리 사태를 보고 구소련에 대해 어느 정도 거리를 두게 되지만, 그가 완전히 구소련에 대해 등을 돌리기 위해서는 1968년 '프라하의 봄'을 기다려야 했다. 프라하의 봄 이후에 사르트르는 1980년 세상을 떠날 때까지 거의 실명 상태에 있었으므로 작품 활동과 정치 참여를 거의 할 수 없게 된다.

하지만 1980년 이후 국제 질서는 급격하게 변화한다. 이른바 '냉전 이후'가 시작된 것이다. 그 이후의 국제 질서는 1985년에 구소련의 고르바초프에 의해 선언된 개혁 이념 및 정책인 페레스트로이카, 1990년의 분단 독일의 통일, 구소련의 몰락, 동구권 공산국가들의 정권 해체 등으로 이어진다. 그로부터 그 유명한 데리다의 선언, 곧 유럽에는 '마르크스의 유령'이 떠돌고 있다는 선언이 등장하게 된다. 사르트르는 이 모든 움직임들이 본격화되는 시점인 1980년에 세상을 떠났다.

정확히 카뮈의 복권은 사르트르의 죽음 이후에 본격화된 국제 질서의 대변화와 더불어 시작된 것으로 보인다. 구소련의 몰락, 동구권 공산국가들의 정권 해체, 미국을 비롯한 서구 유럽의 자유민주주의의 승리 등으로 인해 '진보적 폭력', '목적-수단'의 관계 등의 테제에서 수세에 몰렸던 카뮈의 입장과 사르트르의 입장이 역전되기 시작한 것이다. 그 단적인 증거는 미국의 사르트르 연구자인 로널드 애런슨의 저서 출간이다. 애런슨은 사르트르 출생 100주년을 기념하기 위해 2005년에『카뮈와 사르트르: 우정과 투쟁*Camus and Sartre: The Story of a Friendship and the Quarrel that Ended It*』을 출간했다.

그런데 이 저서에서 유의할 점은 제목이다. 보통 사르트르와 카뮈, 카뮈와 사르트르 사이의 경쟁 관계를 고려해 두 사람을 호칭할 때 누구의 이름을 먼저 부르느냐가 아주 민감한 사안 중 하나이다. 그런데 사르트르 연구자가 자신의 저서를 출간하면서 '사르트르와 카뮈'가 아니라 '카뮈와 사르트르'라는 제목을 붙인 것이다. 이것은 사르트르 연구자들에게는 충격이었다. 사르트르 연구자가 사르트르보다 카뮈의 편을 들어 주었다는 인상을 줄 수도 있기 때문이다.

하지만 1980년 이후의 국제 질서의 모든 측면을 통해 카뮈의 정치, 사회철학적 사유가 옳았다는 것이 증명되고 있었다. 즉 사르트르의 패배는 기정사실화되고 있었다. 카뮈의 복권이 어느 정도 성공한 것이다. 게다가 '일자'의 폭력으로 신음하던 '타자화된 요소들'의 반항으로 요약될 수 있는 이른바 포스트모더니즘의 사유도 카뮈의 복권에 일익을 담당했다고도 할 수 있다.

하지만 21세기라는 새로운 밀레니엄으로 넘어오면서 국제 질서가 반드시 카뮈에게만 유리하게 흘러가지는 않았다. 흔히 제3세계로 분류되는 아시아, 아프리카 대륙, 그중에서도 아프리카의 튀니지에서 발생한 '재스민 혁명Jasmine Revolution' 때문이었다. 지금으로부터 불과 10년 전인 2010년에 발생한 이 혁명과 그 영향을 받은 이집트, 알제리, 모리타니, 리비아 등과 같은 나라들에서 독재정권에 대한 대대적인 저항운동이 뒤를 이었다. 카뮈의 복권이 한창 이루어지는 상황에서 발생한 혁명의 물결이었다.

마침 필자는 2011년에 애런슨의 저서를 우리말로 번역해서 출간한 적이 있다. 그때 필자는 이 저서의 제목을 원제목과는 다르게 『사르트르와 카뮈: 우정과 투쟁』으로 붙였다. 그러면서 그 이유를 방금 기술한 것과 같이 제시했었다. 그렇다. 인간은 살아가면서 항상 유토피아를 염원한다. 하지만 유토피아는 존재하지 않는다. 사르트르는 현재보다는 미래를 중요시하면서, 미래에 건설될 유토피아를 위해 현재 저질러지는 작은 폭력, 곧 진보적 폭력을 옹호했다.

반면, 카뮈는 불가피한 상황이 아니면 폭력이 사용되어서는 안 되며, 그런 경우에도 항상 한계와 절제가 동반되어야 함을 강조했었다. 그러니까 '목적-수단'의 관계에서 사르트르는 정당한 목적이 모든 수단을 정당화한다는 논리를 주장한 반면, 카뮈는 목적과 수단 모두 정당화되어야 한다는 논리를 펼쳤던 것이다.

그렇다면 20세기를 아주 치열하게 살았다고 할 수 있는 사르트르와 카뮈, 카뮈와 사르트르의 '형제-적'의 관계를 돌아보며 우리는 어떤 교훈을 얻을 수 있을까? '사르트르 vs 카뮈', '카뮈 vs 사르트르'가 아니라 '사르트르 & 카뮈', '카뮈 & 사르트르'가 그것이다.[239] 두 사람을 대립적 시각에서 보는 것이 아니라 종합적 시각에서 보는 노력이다. 사르트르의 사상은 인간 개개인을 절대시하면서도 거시적인 입장, 곧 그들로 이루어진 집단, 계급도 중요시한다. 하지만 필요한 경우, 그는 집단과 계급을 위해 개인의 희생을 정당화하는 입장에 있다고 할 수 있다. 특수보다는 보편을 앞세우는 논리이다. 이것은 자연보다 역사를 앞세우는 논리이다.

그에 반해 카뮈는 집단, 계급의 이름으로 자행되는 개인의 희생을 용인하지 않는다. 카뮈의 눈은 오히려 집단, 계급의 이름으로 자행되는 개인에 대한 폭력, 곧 작은 폭력의 대상이 되는 희생자에게 가닿는다. 이것은 보편보다는 특수를 앞세우는 논리이다. 이런 논리가 가능하기 위해서는 인간이 절대가 아니라 오히려 자연, 대지, 우주의 일부라는 입장, 따라서 자연에 순응하는 것이 인간의 역사여야 한다는 입장에 서야 한다.

이와 같은 두 가지 입장 중에 어느 하나의 입장을 선택해야 하는 문제가 제시된다면, 그리고 극한 상황, 불가피한 상황에서 어느 하나의 입장을 선택해야 한다면, 사르트르와 카뮈는 여전히 대결 구도, 곧 적의 관계에서 벗어나지 못할 것이다. 하지만 21세기, 포스트모더니즘이라는 용어로 규정될 수 있는 21세기에는 어떤 것도 '절대'의 성격을 가지지 못한다. 인간도, 역사도, 자연도, 대지도 절대가 아니다. 특수도, 보편도 절대가 아니다. 개인도, 집단도 절대가

---

239 사르트르와 카뮈 사이의 논쟁을 잘 정리하고 있는 윤정임도 역시 같은 결론을 내리고 있다(윤정임, 「카뮈-사르트르 논쟁사」).

아니다. 모든 것이 서로 의지하면서 서로를 필요로 하는 관계이다.

그렇다면 선택지는 딱 하나이다. 모든 것의 존재를 인정하며, 모든 것의 가치를 인정하는 것이 그것이다. 이런 입장은 결국 '사르트르 vs 카뮈', '카뮈 vs 사르트르'가 아니라 '사르트르 & 카뮈', '카뮈 & 사르트르'가 요청된다고 할 수 있다.

카뮈는 이렇게 말하고 있다. "인간만이 유일하게 정체를 거부하는 동물이다."[240] 사르트르는 이렇게 말하고 있다. "인간은 스스로를 만들어 가는, 스스로를 창조해 가는 존재이다." 이 두 문장 사이에 어떤 차이가 있는가? 물론 시간과 장소에 따라, 상황에 따라 나아가는 방향과 그 길을 따라가는 방법상의 차이가 있을 수 있다. 하지만 일자의 폭력에서 벗어나 타자화된 요소들의 해방이 주된 담론이 된 세상에서 그 나아가는 방향과 거기에 이르는 방법들의 다양성이 보장되어야 할 것이다.

그렇게 된다면 우리가 사는 세계는 기필코 조금씩 나아질 것이다. 카뮈가 원하는 것처럼 폭력 없이, 피를 흘리지 않고서 말이다. 인간들 사이에는 형제애가, 자연과 인간 사이에는 합일, 결혼, 화해, 통일성이 형성될 것이다. 하지만 그렇게 조금씩 나아지고 있는 이 지구의 한구석에서는, 아니 상당히 많은 지역에서는 여전히 불평등, 억압, 폭력이 자행되고 있다는 사실을 결코 잊어서는 안 될 것이다. 먹고사는 문제에서 조금 더 여유가 있는 지역들에서도 권력은 자본

---

[240] 알베르 카뮈, 『작가수첩 II』, 『알베르 카뮈 전집 특별판 4』, p.289.

과 결탁되어 더욱 교묘하게 인간들을 억압, 통제하고 있다. 푸코의 미시권력의 음흉한 행사가 그 좋은 예이다.

이런 상황에서 우리 인간들에게 필요한 것은 두 가지로 보인다. 하나는 더 철저한 의식의 각성과 무장이다. 그것이 구토든 부조리든 상관없다. 표현이 중요한 것이 아니다. 세계, 현실 사회에 대한 관심, 그것을 껴안는 자세가 필요하다. 관심과 책임의식이 필요하다. 타자는 나의 신이고 낙원이 될 수 있다는 사실과 적이 되어 경쟁을 벌일 수 있다는 사실도 유념해야 한다. 자연 역시 인간 삶의 안식처임과 동시에 무관심하고 잔인하다는 것을 깨우쳐야 한다.

역사도 때로는 인간들의 평화로운 행진의 기록임과 동시에 피비린내 나는 무시무시한 전쟁의 기록이라는 점을 깨우쳐야 한다. 기존의 악, 기존의 폭력이 지배하는 곳에서의 참을성 있고 끈질긴 투쟁도 중요하지만, 삶과 죽음이 문제시되는 상황, 불가능한 삶을 영위하는 것조차 불가능한 상황에서는 효율적인 대처 또한 중요하다는 사실을 깨우쳐야 한다. 그런데 이 모든 깨우침은 '사르트르 & 카뮈', '카뮈 & 사르트르'가 아닌가!

Barthes, Roland (2002), "《La Peste》, Annales d'une épidémie ou roman de la solitude?",

    Club, février 1955, in *Œuvres complètes*, t. I (Livres, textes, entretiens 1942-1961), Seuil.

Camus, Albert (2006), *La Peste,* in *Œuvres complètes*, t. II, Gallimard.

Caute, David (1967), *Le Communisme et les intellectuels français, 1914-1966*, Gallimard.

Clouscard, Michel (1985), *De la modernité: Rousseau ou Sartre*, Messidor/Editions sociales.

Cohen-Solal, Annie (1986), "Camus, Sartre et la guerre d'Algérie", in *Camus et la politique*,

    Actes du colloque de Nanterre 5-7 juin 1985 (sous la direction de Jeanyves Guérin),

    L'Harmattan.

Contat, Michel & Michel Rybalka (1970), *Les Ecrits de Sartre*, Gallimard.

Galster, Ingrid (2001), *La Naissance du "phénomène Sartre"*, Seuil.

Grenier, Jean (1968), *Albert Camus-souvenirs*, Gallimard.

Lévi-Valensi, Jacqueline (1991), *La Peste d'Albert Camus*, Gallimard.

Merleau-Ponty, Maurice [1980 (1947)], *Humanisme et terreur: Essai sur le problème*

    communiste, Gallimard.

Noudelmann, François & Gilles Philippe (2004), *Dictionnaire Sartre* (sous la direction de),

    Honoré Champion.

Onfray, Michel (2011), *L'Ordre libertaire: La Vie philosophique d'Albert Camus*,

    Flammarion.

Ory, Pascal & Jean-François Sirinelli (1986), *Les Intellectuels en France, de l'Affaire Dreyfus*

    à nos jours, Armand Colin.

Sartre, Jean-Paul (1947), "La Responsabilité de l'écrivain", *Les Conférences de l'UNESCO*,

    Fontaine.

_____ (1947), "Présentation des *Temps modernes*", *Situations, II*, Gallimard.

_____ (1962), *L'Engrenage*, Nagel.

강대석 (2019), 『카뮈와 사르트르: 반항과 자유를 역설하다』, 들녘.

강미라 (2018), 『사르트르 vs 메를로퐁티』, 세창출판사.

김세리 (2008), 『알베르 카뮈의 미학』, 한국학술정보.

김용규 (2006), 『철학카페에서 문학 읽기』, 웅진지식하우스.

김진식 (2005), 『알베르 카뮈의 통일성 향수와 미학』, UUP.

김학준[1999(1979)], 『러시아 혁명사』, 문학과지성사.

르베스크, 모르방 (1998), 『알베르 카뮈를 찾아서』, 김화영 옮김, 나남.

베르네르, 에릭 (2012), 『폭력에서 전체주의로: 카뮈와 사르트르의 정치사상』, 변광배 옮
    김, 그린비.

변광배 (2011), 「서약이란 무엇인가: 사르트르의 사유를 중심으로」, 『인문학연구』 제15
    집, 인천대학교 인문학연구소.

_____ (2012), 「인간의 위대함과 잔혹함을 파헤친 실존주의의 경전: 장 폴 사르트르의
    『존재와 무』」, 『고전의 반역 6』, KBS고전아카데미 엮음, 나녹.

_____ (2014), 「알베르 카뮈의 『페스트』: 나, 우리, 반항」, 『외국문학연구』 제53호, 한국
    외국어대학교 외국문학연구소.

_____ (2016), 『사르트르의 《문학이란 무엇인가》 읽기』, 세창미디어.

_____ (2020), 「사르트르와 카뮈의 문학론 비교: '참여' 또는 '승선'?」, 『프랑스학연구』 제
    94집, 프랑스학회.

브레, 제르멘느 (1980), 『자유를 위하여 물결치는 가슴: 사르트르와 카뮈』, 민희식 옮김,
    소설문학사.

사르트르, 장 폴 (1983), 『구토 외』, 김희영 옮김, 학원사.

_____ (1997), 『무덤 없는 주검』, 최성민 옮김, 서문당.

_____ (1998), 『문학이란 무엇인가』, 정명환 옮김, 민음사.

_____ (2008), 『말』, 정명환 옮김, 민음사.

_____ (2009), 『시대의 초상: 사르트르가 만난 전환기의 사람들』, 윤정임 옮김,
    생각의 나무.

_____ (2013), 『닫힌 방·악마와 선한 신』, 지영래 옮김, 민음사.

사이드, 에드워드 (1995), 『문화와 제국주의』, 김성곤·정정호 옮김, 창.

성 어거스틴 (2006), 『참회록』, 함희준 옮김, 예림미디어.

아롱, 레이몽 (1986), 『지식인의 아편』, 안병욱 옮김, 삼육출판사.

애런슨, 로널드 (2011), 『사르트르와 카뮈: 우정과 투쟁』, 변광배·김용석 옮김, 연암서가.

윤정임(2011), 「카뮈-사르트르 논쟁사」, 『유럽사회문화』 제6권, 연세대학교 유럽사회문
　　화연구소.

이기언(2015), 『지성인 알베르 카뮈: 진실과 정의를 위한 투쟁』, 울력.

정명환 외 3인(2004), 『프랑스 지식인들과 한국전쟁』, 민음사.

카뮈, 알베르(2010), 『알베르 카뮈 전집 특별판』(전 7권), 김화영 옮김, 책세상.

사르트르 VS 카뮈